合同ブックレット
09

大問題！子ども不在の新学習指導要領

学校が人間を育てる場でなくなる?!

子どもと教科書全国ネット21〈編〉

読者のみなさまへ

いま、政府・文部科学省は、中央教育審議会（以下**中教審**。本文も同様）教育課程企画特別部会による「教育課程企画特別部会における論点整理について」（2015年8月）（以下「**論点整理**」本文も同様）を軸に、2020年度以降に実施される次期の学習指導要領を、2017年の3月までに確定・公表する予定で具体化の作業を進めています。同部会の論議および「論点整理」は、子どもたちと学校が抱える現実の問題に及ぶことなく、「アクティブ・ラーニング」「パフォーマンス評価」「カリキュラム・マネジメント」「チーム学校」などのカタカナ文字を多用し、それらを一体化して進める大改革を行なうとしています。

学習指導要領が大きく変われば、子どもと教育に及ぼされる影響はたいへん大きなものになるでしょう。しかも世界の歴史は、国が国民をしばり、意のままに従わせようとするときに、まず手をつけるのが教育とマスメディアだということを教えています。昨今の安倍政権の動向とも照らし合わせて考えてみますと、今回の学習指導要領改訂の問題は、単に教育だけの問題ではなく、日本の将来にも重大な影響をもたらすものと言えるのではないでしょうか。

そこで、「論点整理」と中教審の諸会議の資料に基づき、次期学習指導要領の内容とその問題点を明らかにし、それを出来るだけ早く多くの人びとに知らせ、議論を巻き起こして、政府・文科省に意見を届けていくことが必要だと考え、本書を発刊いたしました。

多くの方が本書をお読みになり、まわりの方々に伝え、話し合いの輪をひろげてくださることを通して、次期学習指導要領に反対する世論と運動が大きくなることを願っています。

執筆者一同

もくじ

読者のみなさまへ　3

第1章　学習指導要領でしばられる子どもと学校

1　そもそも学習指導要領とは？　6
2　学習指導要領と「教育改革」で子どもと学校は？　12
3　自主的・創造的な活動をそがれる教師たち　19
4　子どもの成長をはぐくむ生活の土台が崩れている　22

第2章　学習指導要領をどのように変えようとしているのか

1　そもそも学校教育は何をめざすのか？　25
2　学習指導要領のどこをどう変えようとしているのか　27
3　「学力」が消え「育成すべき資質・能力」に変わった　30
コラム①　世界で始まったPISAテスト批判　36
4　なぜ「アクティブ・ラーニング」を導入するのか　38
5　「パフォーマンス評価」は子どもに何をもたらすか　43
コラム②　「ルーブリック」とは？　49
6　「カリキュラム・マネジメント」は何をねらうのか　50
7　子どもと学校はどうなるか　57

第3章　教科・科目をどのように変えるのか
1　「道徳科」をすべての教育活動の上に……62
コラム③　教科や教科外活動における道徳教育……68
2　高等学校に新設される道徳・規範教育の科目「公共」……69
3　問題だらけの小学校英語の早期化・教科化……73
4　高等学校に新設される「歴史総合」……78
5　高等学校に新設される「理数探究」……82

第4章　なぜ、このような学習指導要領がつくられようとしているのか
1　政権と財界が描く暗い未来を子どもたちに手渡すことはできない……85
2　安倍政権の教育政策とそのルーツ……89
コラム④　学習指導要領には「法的拘束力」がある？……94

第5章　こんな教育・学校をつくりたい
1　子どもの目線から教育を考える……96
2　本物の科学や文化を子どもたちに……98
3　教員の自主性が尊重される教育と学校運営を……103
4　どの子も大切にされる学校をつくるための条件整備を……105

おわりにかえて　主権者として国の教育課程づくりに参加する道筋を……108

第1章 学習指導要領でしばられる子どもと学校

1 そもそも学習指導要領とは？

文部科学省の説明によると……

学習指導要領とはそもそもどんなものでしょうか。学習指導要領をつくっている文部科学省（以下、文科省）は次のように説明しています。

「全国のどの地域で教育を受けても、一定の水準の教育を受けられるようにするため、文部科学省では、学校教育法等に基づき、各学校で教育課程（カリキュラム）を編成する際の基準を定めています。これを学習指導要領といいます」（文部科学省ウェブサイト）。

このように学習指導要領は①全国一律に、②国公私立にかかわらず、次ページに示すすべての学校に適用され、また③学校で使われる教科書の内容にも適用されています。

学習指導要領の内容構成

学習指導要領の構成の概要は次のようなものです。総則以外は、共通して「目標」「内容」「内容の取扱い」（一部教科では「指導計画の作成と内容の取扱い」）から成っています。

小学校＝「総則」「各教科」「特別の教科　道徳」（2015年3月の改訂で追加）「外国語活動」（次期学習指導要領では5・6年は「教科」になる予定）「総合的な学習の時間」「特別活動」の6章。

中学校＝小学校から「外国語活動」を除いた5章（外国語は教科）。

特別支援学校小学部・中学部＝小学校に「自立活動」を加えた7章。

高等学校＝「総則」「各学科に共通する各教科」「主として専門学科において開設される各教科」（工業科、商業科などの学科で履修する教科）「総合的な学習の時間」「特別活動」の5章。

全然慎ましくない学習指導要領

前述のように、文科省の説明では学習指導要領とは全国どこでも教育水準を確保するために必要な最低基準、いわばナショナル・ミニマムとされています。確かに地域や学校によって教育内容や水準がばらばらでは困るということはあるでしょう。しかし実際には、学習指導要領は最低基準にふさわしい慎ましいものではありません。

文科省は「学習指導要領には法的拘束力がある」とも主張しています（94～95ページ参照）。「法的拘束力」があるわけですから、教員が自主的にカリキュラムを編成しても、学習指導要領から逸脱してはだめだぞ、ということになります。このことは、教科書に対してはより強力に作用します。学校では、文科省の検定を合格した教科書を使わなければならないことになっています（学校教育法34条ほか）。検定で教科書の内容が学習指導要領に沿っていないと判断されれば「不合格」とすることができるのですから、やはり慎ましいものとはとても言えません。

学習指導要領どおりの教育は……

創意工夫に満ちあふれた授業を自主的に行なおうとすれば、学習指導要領の枠に収まらないことは当然ありえます。しかし文科省にとっては学習指導要領に沿った授業こそが望ましい教育のあり方で、そこからの逸脱は望ましくないものであり、場合によっては処分の対象にすらなりうることになります。教科書も同様に、学習指導要領に沿っていなければ、「著しい欠陥」が多いとして検定不合格になる危険があります。これでは豊かな授業実践に基づいた教科書づくりはたいへん困難にならざるをえません。

学習指導要領はナショナル・ミニマムどころか、教育の内容を統制する強力な力を与えられているのです。

学習指導要領は誰がどうやってつくっている？

学習指導要領に強力な力を与える以上、民主的な手続きを経てつくられているのかと言えば、これもまったくそうではありません。

学習指導要領は、ほぼ10年に一度のペースでリニューアル（改訂）されます。そのプロセスは、およそ次ページ図のとおりです。

このプロセスにも問題があります。第一に、このプロセスのすべてが事務方（＝官僚）主導で行なわれていることです。文科大臣の諮問は実際には事務方がつくっており、それを受けて審議を行なう中教審委員も事務方が推薦し文部科学大臣が任命しています（任命基準も公募もありません）。「審議のまとめ」も「学習指導要領改訂案」も事務方が作成しています。教科別や特別活動などに分かれての審議も行なわれますが、そこで主導的な役割を担うのは文科省の「教科調査官」で、小・中・高・大学の教員経験者や都道府県の指導主事などから事務方が推薦し文部科学大臣が任命します。研究者や校長、一般の教員などは「協力者」として参加しますが、やはり文科大臣が任命します。

いわば文科省の「自問自答」「自作自演」で学習指導要領の改訂が行なわれ、教育の内容を強力に統制するものであるにもかかわらず、教育現場の願いや実態はほとんど反映していないのです。

第二に、パブリックコメント（意見の公募）で国民の意見を聞くことになってはいても、実際には「聞く耳を持たず」だということです。多少文言の修正が行なわれること

文科大臣が中央教育審議会（中教審）に改訂について「諮問」（意見を尋ね求めること）する

↓

中教審は諮問内容を審議し、「審議のまとめ」を公表

↓　　（パブリックコメント（国民の意見）を募集）

答申（文科大臣の諮問に対する回答）を提出

↓

文科省が「学習指導要領改訂案」を公表

↓　　（パブリックコメントを募集）

文科大臣が告示

はあっても、重要な変更が行なわれた例はありません。国民の意見を聞いたという「アリバイ」づくりになっているのが実情です。

学習指導要領による教科書統制の強化

学習指導要領による教科書の統制も強化されてきました。

第一は「内容の取扱い」です。1989年の学習指導要領以前、教科書検定基準にあったのは学習指導要領の「内容」に合致しているかどうかだけでした。しかしこの学習指導要領に準拠した1992年度用の小学校教科書から、検定基準に「内容の取扱い」が追加され、「内容」をどう取り扱っているかまで検定の対象とされるようになったのです。そのねらいは教科書への統制を強め、それによって教育のしかたまで統制しようということでした。そこで当時、検定を担当する教科書調査官は「現場をリードするような教科書をつくってくれ」と言っていたのです。

第二は「学習指導要領解説」による統制強化です。学習指導要領の文言は、一読しただけではどう解釈すればよいのかわかりにくい抽象的なものなので、「学習指導要領解説」が、やはり文科省の手でつくられます。学習指導要領の文言の解釈を国家機関である文科省が行なうということです。この学習指導要領そのものではない「解説」で教科書内容を統制する動きが強まっています。詳しくはコラム「学習指導要領には『法的拘束力』がある?」(94〜95ページ)をご覧ください。

学習指導要領が教育統制の手段へ変容

戦後はじめての学習指導要領は、１９４７年に「学習指導要領　一般編（試案）」としてつくられ、その目的を「序論」で次のように述べています。

この書は、学習の指導について述べるのが目的であるが、これまでの教師用書のように、一つの動かすことのできない道をきめて、それを示そうとするような目的でつくられたものではない。新しく児童の要求と社会の要求とに応じて生まれた教科課程をどんなふうにして生かして行くかを教師自身が自分で研究して行く手びきとして書かれたものである。

直接的には言及していませんが、ここには戦前の画一的な教育が戦争協力の手段だったことへの反省が込められていると言えるでしょう。次の「一般編」の改訂版は１９５１年に出されました。このときも「試案」という位置づけが踏襲されています。「下の方からみんなの力で、いろいろと、作りあげて行く」ものであるとも述べています。これをつくった人たちの強い決意が感じられます。

これが一変するのが１９５８年改訂版（小・中・高校）です。この学習指導要領から「試案」の文字がなくなり、逆に文部省（当時）は学習指導要領を官報に告示し「法的拘束力を有する」と言い出しました。学習指導要領がめざす方向性が正反対になったわけです。

それ以来、学習指導要領はおよそ10年ごとに改訂されてきましたが、「法的拘束力」を有するものとされ、教育現場や教科書、教育行政を統制する手段となってきました。「法的拘束力」についての見直しは行なわれていないので、次期学習指導要領でも踏襲されることになります。

2 学習指導要領と「教育改革」で子どもと学校は？

子どもと学校に何が起こっているか

小学生の暴力、いじめともに過去最多

文科省は２０１４年度の小学生の暴力が1万１４６８件（前年度比５７２件増）、いじめが1万２２７１件（前年度比４０００件増）となり、ともに過去最多であったと発表しています。

こうした調査結果に対して、ある地方の教育委員会は「感情がコントロールできず、ささいなことで暴力に至るケースが大幅に増加している」「指導されたことに腹を立てた1年生が、教師を何度も蹴るようなケースもある」などと回答し、文科省は「ささいなこと」や「指導」の内容を問うこともせずに、「家庭の事情などにより、就学前の子どものしつけがうまくできていないケースがあるのではないか」などと、学校内の出来事であるにもかかわらず、他人事のように無責任なコメントを出しています。

強まる中学生の自殺傾向

名古屋大学の内田良准教授の調査によれば、２０１５年の中学生の自殺が17年ぶりに１００件を越えています。内田准教授は、このように中学生の自殺傾向が強まっているとともに、高校生も同様な傾向にあると指摘しています。さらに内閣府は、「18歳以下の自殺者において……長期休業明け直後（とりわけ9月1日）に自殺者数が増える傾向がある」と指摘しています。

日常の学校で、子どもたちは

・落ち着かない子のことを「あの子は私が潰す」と平然と言い放つ校長
・「あなたは子どものことを理解しようとしているけど、今の教育はそれではだめ。子どもらしさは引き出さず、マニュアル通りにやればいい」と指導する校長
・「はい、です、ます」などと授業中の言葉づかい、発言するときの手の挙げ方や席の立ち方まで強制される子どもたち
・習熟度別授業で、「私より点の低い子がなぜ上のクラスなの」と泣く子
・カタカナが書けない、九九が言えない、指を使いながら引き算する中学生
・学力テストの平均点を上げるために、居残りで過去問やドリルを繰り返しやらされる点数の低い子
・成績上位者向けの特進学級を開設した地方教育委員会
・「どうせ、オレは馬鹿だから」と見切りをつける中学生

子どもの命を預かり、命をはぐくむことが学校と教育の本質的役割であるにもかかわらず、学校と子どもたちがなぜこのような状況に置かれているのでしょうか。

困難の根源「教育改革」――国・行政が学校と教育に押しつけたこと

「できんものはできんままで結構。……これからはできるものを限りなく伸ばすことに（お金を）振り分ける。……限りなくできない非才、無才にはせめて実直な精神だけを養っておいてもらえばいい。……だから教えない。エリート教育とは言いにくいからゆとり教育と言っただけ」（斉藤貴男『機会不平等』、文藝春秋）

この発言は20年ほど前、当時の学習指導要領の土台をつくった教育課程審議会の会長を務めた三浦朱門氏の言葉です。

この考えが教育課程だけでなく、その後の「教育改革」政策で具体化され、学校現場・子どもたちに「自ら課題を見つけ、自ら学び、自ら解決する」など、自己責任論とも言える「生きる力」が押しつけられたのです。今まで挙げたような子どもたちと学校の困難の根源がここにあります。

教育課程、授業内容・授業方法の押しつけとその管理強化

従来、子どもたちの課題や地域の状況・特質などに合わせて、各学校で工夫しながら決めてきた教育課程や授業内容について、教育委員会が介入し、学習指導要領通りの年間指導計画を一律に各学校に押しつけています。そして、「学力向上」と授業時間数の確保が至上命令となり、学校生活から余裕が失われています。

学校では、週ごとの指導計画（週案）や教科書通りの授業が行なわれているかどうかが点検され、全

員の週案を職員室に貼り出してお互いにチェックさせる校長や、授業の様子を副校長にビデオ撮影させて点検し、あれこれ「指導」する校長までいます。

評価についても、子どもの内面にかかわる「関心・意欲・態度」を評価していいかどうかについては疑問が多くあるところです。しかもそれらは授業の中で教員が育てるべき事柄であるのに子どもの責任であるかのように評価するやり方にしてしまいました。当然、子どもたちは無理をして「関心・意欲・態度」を持っているように装うことになります。

「学力」テスト体制、「学力」スタンダード、競争と差別・選別

全国一斉「学力」テストをはじめとして、各自治体が独自に行なうテストによる「学力」テスト体制は、学校間の競争を激しくしています。その結果、学力テスト対策に授業時間を割くなど、本末転倒の事態に教師と子どもたちは巻き込まれ、追い立てられています。

また、各教育委員会が定めた「学力」スタンダードや「学力」テストの得点能力を「学力」とする誤った学力観は、授業が暗記もの中心になるなど、勉強嫌いの子どもたちをつくり出しています。

懲罰と排除の生活管理・生徒管理

第一次安倍政権は2006年に教育基本法を改悪し、第6条で「教育を受ける者が、学校生活を営む上で必要な規律を重んずる……ことを重視」して教育を行なうことを規定しました。それを受けて各地、各学校で「生徒指導統一基準」「問題行動へのガイドライン」などがつくられ、「問題行動」ごとに決められた対応（懲罰）を例外なく子どもに迫るゼロトレランス（寛容なき対応）という生徒管理が全国的に広がっています。

ある地域のガイドラインでは、主任や管理職などが「問題行動」に「対応」し、学級担任はその場か

らは外されています。ここには「問題行動」を起こした子どもと向き合い、その背景を考えながら子どもに身を寄せる教育的な視点や営みはありません。

そして、国をはじめ地方教育委員会からは、ことあるごとに「あるべき子ども像」が学校現場に持ち込まれています。

教職員の管理統制強化、民主的学校運営の破壊

このような教育内容と教育制度を徹底させるための教職員の管理体制が強化され、みんなで話し合い協力する民主的な学校運営の破壊が徹底して行なわれてきました。

東京では「人事考課制度」が導入されて、校長の学校経営計画をどのように具体化するかを全員が「自己申告書」に書き、年3回の面接でその達成度が点検されます。それに基づく校長の「業績評価」によって賃金・処遇が決まります。校長は地方教育委員会によって査定を受けています。

人事異動も校長の「人事構想」に基づいて行なわれることになり、1年で移動させられる人もいれば10年以上同一校勤務の人もいます。「人事構想にないから」「あなたがいると新しいことができないから」などと追い出されることも珍しくありません。まさに、「上の言う通りに動く教職員」づくりが進められています。

職場・教職員の階層化も進められ、校長の下に副校長、主幹教諭・指導教諭、主任教諭、一般教諭と続きます。さらに一般教諭は、基礎形成期・伸長期・充実期などと区別され、それぞれの時期ごとに「到達すべき能力」が、子どもの実態などとは無関係に定められています。

職員会議は校長の「補助機関」とされ、発言内容について会議後に校長室で叱責される事態まで起きています。教職員がみんなで話し合って教育を進めていく民主的学校運営の破壊が進行しています。

子どもの願いと教職員を隔てる「教育改革」の壁

今まで述べてきたような「教育改革」の動きによって、教育の場であるはずの学校が大きく変質させられています。

- 「学力」向上、学力テストの点を上げることばかりが強調されて、子どもを伸ばす、育てるという言葉はない
- 子どもたちを一人ひとりの人間として見ていない状況が、学校にある
- 子どもたちは孤立し、生きていることを豊かに実感できる場を奪われている
- 職場の同僚をライバル視する傾向まで生まれている
- 子どもを従わせるためのテクニックが、教育の技術として当たり前になっている
- 朝の打ち合わせ廃止、休み時間も職員室に戻れない。先生たちが顔を合わすことなく一日の仕事が進んでいく
- 教員にゆとりがなく、子どもたちが「事務室に来るとホッとする」と言う

これらは現職教職員の声です。これが「教育改革」がつくり出した学校の現状の一端です。「教育改革」が子どもたちと教職員の間に壁のように立ちはだかり、教職員が一人の人間として子どもと向き合うことや、相談・協力しながら子どもたちの人格形成をすすめる教育の姿と役割を壊そうとしています。授業内容や「あるべき子ども像」などを教職員と子どもたちに押しつけ、従わせることをね

らっているのです。

「わかるって楽しい」

「先生、オレこの中学で良かったよ。わかんないって言うとさ、必ず誰かが教えてくれた。わかるって楽しいことだなって、やっとわかってきたよ」（卒業式で担任に）

・勉強がわかること、できるようになること
・認められ、ほめられること
・お互いにわかり合い、つながり合うこと
・遊ぶこと、ゆっくりすること
・失敗してもやり直しができること

子どもたちの願いです。そして何よりも、ゆとりを持って見守ってくれる頼れる大人の存在を求めています。この願いが満たされるとき、子どもたちの笑顔が輝きます。この願いにことごとく背を向ける「教育改革」が笑顔を奪い、子どもたちのイライラを募らせています。

3 自主的・創造的な活動をそがれる教師たち

世界一忙しい日本の教員

世界の中学校教員についてのOECD（経済協力開発機構）による国際教員指導環境調査*が学校関係者に衝撃を与えました。この調査の概要を『東京新聞』は、「日本の先生一番忙しい」という見出しで報じました（2014年6月26日）。記事によると「1週間あたりの勤務時間」は、日本は53・9時間、調査参加国・地域の平均は38・3時間です。多いのは「授業以外の課外活動」で7・7時間、平均は2・1時間、「書類作成などの事務作業」が5・5時間、平均は2・9時間ということで、教員が生徒と向き合う時間が著しく少ない実態があきらかになりました。

＊学校の学習環境と教員の勤務環境に焦点を当てた国際調査で2008年に第1回調査が実施され（日本は不参加）、2013年に実施された第2回調査には日本を含む35カ国・地域（OECD加盟34カ国の中21カ国と加盟国の3地域、その他9カ国と2地域）が参加。

また、「授業の計画や準備」は8・7時間、平均は7・1時間で、北海道教育大などの共同調査によれば、授業の準備時間「不足」を訴える教員が9割を超えています。このような状況でも、教員の仕事が「楽しい」という回答が、小学校で86％、中学校82％、高校81％と高率で、多忙化の中でも前向きに教育活動に取り組んでいる姿が浮かび上がります。

さらに、小学校の教員については、日本標準教育研究所が1日の勤務時間を調査（1500人、2014年）しています。それを週に換算すると、56・3時間となり、記述回答でも「多忙と感じる」

91・4％、「家でも仕事」76・3％とあり、この調査からも日本の教員の労働時間の長さ、多忙さをうかがい知ることができます。

教員の「人間らしい生活」が生徒にとってもプラスになる

ある大学生は「私も教師像として献身的で力を惜しまず生徒一人ひとりに目を向けるなど自己犠牲的につながりかねないものを抱いていたと感じた。教師自身、いきすぎた勤務時間に見合う〝やりがい〟を感じたいという意識が更なる時間外労働に駆り立てられているのかもしれない」と、勤務時間の過酷さの中での教員の複雑な思いへの共感を、この問題を取り上げた講義の感想文に書いています。

ＩＬＯ（国際労働機関）は「働きがいのある人間らしい仕事＝ディーセント・ワーク」を実現することを活動の主目標と位置づけています。教師にディーセント・ワークを保障することによって、適切な勤務時間や休暇制度が認められ、教員自身の生活が充実する労働条件が整備されることが重要だと提言しています。こうした条件を整備することが、教員にも余裕を与え、教育活動にもいい影響を与えるのは言うまでもありません。

教育現場を励ます教育行政に

２０００年、教員に対する人事考課を全国に先駆けて導入した東京都教育委員会は、その目的を「教職員の資質向上」と「学校の活性化」のためであるとし、「頑張った人が報われる」ようにすることで、学校組織も活性化し教員もモラールアップすると説明していました。ところが、業績評価により、個々人に優劣をつけ賃金や処遇で格差をつけたため、これまでの同僚との協働、学校としてのチームワークに微妙なヒビが入っています。

最近では、教育委員会が学習内容などの「スタンダード」を決め、学校や教員は、それに基づいた指導を強要され、教員の創造性やこれまでの蓄積を生かす余地が狭められています。学力テストもたびたび実施され、ノートの使い方や返事の仕方から、起立・礼などの立ち居振る舞いまで指示されるなど、学校は生徒にとっても息苦しい「空間」となっています。

教員の思いは、生徒と向き合い、その悩みに応えつつ、ともに未来への希望を語ることです。教育行政に求められるのは、教育内容やその方法まで押しつけるのではなく、教員集団による創意と工夫を支援することではないでしょうか。

教育条件の面で見ると、中学校の1クラスあたりの生徒数は32・9人（OECD平均23・4人）で、韓国に次いで2番目に多くなっています（『図表で見る教育　2012年版』OECD）。教員の負担軽減や行き届いた教育を実現するためには、教員定数を増やすことが必要ですが、その裏づけとなる教育予算は、OECD加盟国中6年連続最下位を記録しています（『日本経済新聞』2015年11月24日）。これらの改善が急がれます。

4 子どもの成長をはぐくむ生活の土台が崩れている

進む子どもの貧困

「3歳児がおなかすいて盗んだ」など心痛む事件が「経済大国」日本で起きています。家庭の貧困が背景にあります。「厚生労働省が15日まとめた国民生活基礎調査で、平均的な所得の半分（筆者注：この時122万円）を下回る世帯で暮らす18歳未満の子供の割合を示す『子供の貧困率』が、2012年に16・3％と過去最悪を更新したことが分かった。前回調査の09年から0・6ポイント悪化した」（『日本経済新聞』2014年7月16日）と報じられています。子どもの6人に1人が貧困で暮らしています。

「子どもの貧困率」は、増加傾向にあり、深刻なのはひとり親世帯の場合で54・6％、2人に1人を超えています。ひとり親世帯の多くは母子世帯で、必死に働いていても、とりわけ女性の場合パート労働などの非正規雇用で賃金が低く「働けど働けど我が暮らし楽にならざり……」（石川啄木）という状態に置かれています。「子どもの貧困率」が最も高いのはアメリカですが、ユニセフ（国連児童基金）が2016年4月に指摘したように、日本では標準的な世帯の所得と最貧困層の所得の格差が大きく、子どもの貧困の度合いがより深刻になっています。

子どもの成長の土台が崩れてきている

各種の調査で子どもの学力に影響を与える一番の要因は、親の経済力とされています。親の経済力により、高校、大学への進学率などの教育格差が生まれるだけでなく、それは子どもの自己肯定感の低下など生き方にも影響を与えます。貧困家庭では、「子どものために働けば働くほど子どもとの時間が奪われる」ため、子どもの孤立やいじめ、非行、不登校などへの対応が遅れることがあります。

現在の日本では「貧困」は特別なことではありません。いったん親の病気や解雇などで世帯収入が途絶えると、たちまち子どもの生活が脅かされ、「重い虫歯20本　治療なく溶け……」「教材費８００円『払って』言えない」（『東京新聞』「新貧乏物語―子どもたちのＳＯＳ」２０１２年6月のシリーズ）といった状態に陥ります。

２０１２年に小学5年生９００人あまりに行なった厚生労働省の「研究班調査」では、貧困家庭の普段の食事の内容はたんぱく質やビタミン、ミネラルが不足し、食生活や栄養に偏りがあることが明らかになりました。「休日に朝食を食べない」、「食べないことがある」という子どもが27％もいました。ただし、貧困家庭以外の子どもの17％も同様な回答をしており、子どもたちにさまざまな問題が起きていることを示唆する結果でした。

学校現場からは、「喘息発作を起こした子どもの親と連絡をとろうとしたが、家も親の携帯電話も止められていて連絡が取れない。……父親は病気をして無職となり、給食費も滞納し、観劇や遠足も費用が払えず、欠席させている。こどもは親をかばって、『保険証が無く病院行けない』とはなかなか言わない」（『保健室から見える子どもの貧困の実態』全日本教職員組合養護教員部　２００９年）と、実態のリアルな告発がされています。

「子どもの貧困」対策は進んでいるか

「子どもの貧困対策推進法」が２０１３年に成立し、翌年政府は「大綱」を策定しましたが、「児童手当やひとり親世帯に支給される児童扶養手当の拡充。給食や修学旅行の費用の無償化。医療費の窓口負担をゼロにすること。社会保険料や税の負担軽減などが話し合われましたが、すべて見送られました」(「待ったなし!子どもの貧困対策」NHK「時論公論」、2015年5月)。また「大綱」では関係者が求めてきた貧困率の削減目標や返済のない給付型奨学金の導入も見送られています。

何と安倍政権が頼りにしているのは、「貧困を社会全体で問題(とする)」(内閣担当者)ための民間からの寄付ですが、2015年10月末現在で160万円にとどまっています。「国が本腰を入れなければ、世論は動かない」と「子ども食堂」など子どもの支援に取り組んでいるさまざまな団体から批判が起きています。

以上みてきたことについて、阿部彩・首都大学教授は、「まさに子どもの人権剥奪といわざるを得ない」、こうした問題を「何十年も親の資質やしつけ等の面から論じ、背後にある貧困を直視してこなかった」(『朝日新聞』2015年10月10日)と指摘しています。実効ある対策が急がれています。

第2章 学習指導要領をどのように変えようとしているのか

1 そもそも学校教育は何をめざすのか？

国民は、どんな教育を受け・学ぶことを憲法上保障されているのか？

「そもそも、子どもたちは、日本国憲法に保障された国民の教育権・学習権のもと、主権者として、人としての成長・発達のために、どのような教育を受け、何を学ぶのか」を考えてみたいと思います。

戦後教育の出発の原点は、日本国憲法と教育基本法（1947年制定）の理念にありますが、1947年教育基本法の前文は、「われらは、さきに、日本国憲法を確定し、民主的で文化的な国家を建設して、世界の平和と人類の福祉に貢献しようとする決意を示した。この理想の実現は、根本において教育の力にまつべきもの」と明示されています。

つまり、同法第一条でも述べるように、教育は「人格の完成をめざし、平和的な国家および社会の形成者として、真理と正義を愛し、個人の価値をたっとび、勤労と責任を重んじ、自主的精神に充ちた心身ともに健全な国民の育成を期して行なう」ものだということです。

ユネスコの「学習権宣言」という国際的な到達点

「何を『教育』するのか」を、「何を『学ぶ』のか」の側から考えるとき思い起こされるのが、ユネスコの『学習権宣言』（1985年採択）」です。この「宣言」は、教育の目的と本質に関する考え方の「国際的な到達点」を示すものとされています。

「学習権宣言」は以下のように述べています。

> 学習権とは／読み書きの権利であり、／問い続け、深く考える権利であり、／想像し、創造する権利であり、／自分自身の世界を読みとり、歴史をつづる権利であり、／あらゆる教育の手だてを得る権利であり、／個人的・集団的力量を発達させる権利である。

そして、「学習権は、人間の生存にとって不可欠な手段である」「もし、わたしたちが戦争を避けようとするなら、平和に生きることを学び、お互いに理解し合うことを学ばねばならない」「学習権なくしては、人間的発達はあり得ない」と述べ、さらに「しかし、学習権はたんなる経済発展の手段ではない」「学習活動はあらゆる教育活動の中心に位置づけられ、人々を、なりゆきまかせの客体から、自らの歴史をつくる主体にかえていくものである」としています。

「人格の完成をめざ」し「人間として成長・発達し、生存し続けるため」

重要なことは、ユネスコの「学習権宣言」はその目的・内容を「人格の完成をめざ」すことや「人間として成長・発達し、生存し続けるため」としている点で、日本国憲法・1947年教育基本法の理念と共通し、それ以外の意図や目的を持ち込んだり、別な何かの手段としないという点でも、まったく一致しているということです。

つまり私たちが、「基礎学力の保障」「学力をつける」「学力向上」などと日頃よく使う「学力」、子どもたちに身につけてほしい「学力」とは、教科やさまざまな学習活動、集団的な活動などを積み重ねることで子どもたちが身につけ、人間的な成長・発達の糧にしていく「力」であり、その学びの結果が「人格の完成」や「人としての成長」の土台となっていくものだということです。

学習指導要領改訂の目的やねらい・内容が、「主権者として学ぶ子どもたちの人格形成や人間としての成長・発達にとってどうなのか」、あるいは「あるべき日本の教育の改善の方向に沿ったものか・そうでないものか」など、すべての教育政策やその実態を検討するさいに、以上で述べた点が最も基本となる大切な視点ではないかと思います。

2　学習指導要領のどこをどう変えようとしているのか

保護者は、勉強がわかり授業で教えることをちゃんと理解してほしい、わが子がのびのびと過ごせる学校であってほしい、友だちと仲良く力を合わせることができるように育ってほしい、など、学校教育へさまざまな期待を持っています。

今回の学習指導要領の改訂は、このような願いを汲みあげるものとなっているでしょうか。

国が子どもへ要求する内容

「論点整理」は、これからは「社会に開かれた教育課程でなければならない」と提唱し、これからの社会は、グローバル化、少子高齢化・高度な情報社会が進行する、先の見通しが困難な社会であり、それに適合する人間を育成することが学校教育の課題であると述べています。

〝社会に開かれた教育課程〟とは、つまりは〝社会が要請する教育課程〟という意味で、子どものさまざまな能力の成長・発達を促すという視点からではなく、社会の変化を前提にそれへ子どもたちを適応させることであり、このことが教育課程の根幹に置かれています。

そもそも教育は人類社会がこれまで獲得してきた英知を継承しながら、子どもの能力の発達を促すことにあります。人類の英知の継承は、誰もが人権が保障されて平和的に生活する社会を構築することに目的を置くべきでしょう。

しかし、「論点整理」には人権という言葉は1つもなく、平和ということも教育基本法の条文に関して2カ所、国際平和として1カ所使われているだけです。また人格については2カ所、いじめについては1カ所だけです。これでは子どもたちの置かれている状況を改善しようとする「教育課程」には程遠いものだと言わざるを得ません。

学校制度全体の変更を強行する

２０１５年9月、安倍内閣は安保関連法＝戦争法を強行成立させ、その任期中に憲法を「改正」しようとしています。すでに道徳を「特別の教科」とし、教科書検定で政府の見解に言及するよう要求したことにもみられるように、日本の学校教育全体を大きく変えようとしています。さらに、この動向は大学のあり方や教員養成に関しても進められています。団塊世代の教員が大量に退職し、若い世代の教員が増えるこの時期が教員養成の「改革のチャンスだ」ととらえています。

学習指導要領はそうした「教育改革」の全体の要として位置づけられています。

教育内容、指導方法、評価、学校管理を一体として統制

これまでの学習指導要領は教育内容を中心としたものでしたが、今回の学習指導要領の改訂では、指導法・評価法・学校運営・管理までも一体として、その内容をかなり詳しく指示しようとしています。現行の学習指導要領には学校裁量が認められていましたが、この改訂は学校の裁量を認めない真逆の方向をめざしています。

「学力」という言葉は、「学力テスト」というような過去の政策に言及する際に使われるだけで、すべてが「資質・能力」という用語に置き換えられています。指導法は「アクティブ・ラーニング」が強調され、評価も「パフォーマンス評価」が提起されています。

また、学校運営に関しても、各学校で校長を中心とした「カリキュラム・マネジメント」を進めようとしています。そのやり方もＰＤＣＡサイクル（計画Plan→実行Do→点検Check→改善Action、54

ページ参照）でと指示し、学習指導要領の趣旨（国の政策を実行する計画）を徹底することが盛り込まれています。このようにすべてのキーワードはカタカナ語で、経営管理の手法を教育に直接持ち込んでいます。

高校では、高校での道徳・規範教育を受け持つという色合いが強い科目「公共」を設け、科学技術を重視する立場から「理数探究」という科目が計画されるほか、国語、英語、歴史、情報で科目の見直しが進められています。

3 「学力」が消え「育成すべき資質・能力」に変わった

近づく学習指導要領改訂では、これまで文部科学省もさんざん使ってきた「学力」という言葉は影をひそめ、それに変わって、これから子どもたちに身につけさせるのは、「資質・能力」だと主張しています。これはどのようなことなのでしょうか。

今までは「生きる力」「確かな学力」「学力の3要素」

「生きる力」

「生きる力」は、1996年の中教審答申で提起されました（中央教育審議会答申「21世紀を展望した我が国の教育の在り方について―第1次答申」）。「生きる力」とは、「いかに社会が変化しようと、……

問題を解決する資質や能力（①）……豊かな人間性（②）……たくましく生きるための健康や体力が不可欠である（③）……こうした資質や能力を、変化の激しいこれからの社会を［生きる力］と称する」と説明しています（①～③の記号は筆者）。「いかに社会が変化しようと」という箇所の読み方が重要です。２章１でみた学習権宣言では、「教育が、人々をなりゆき任せの客体から、自らの歴史をつくる主体にかえていくもの」としていますが、ここではその逆で、子ども・人々を社会の変化に順応して生きる客体としてとらえ、激しい社会の変化において、自立して生きる能力が必要で、それが生きる力とされています。中教審答申には、人格の完成をめざす教育ではなく、社会の変化に適合していくために必要な能力を重視する教育への移行が見えます。

「確かな学力」

その７年後、「確かな学力」という言葉が登場しました（中教審答申「初等中等教育における当面の教育課程および指導の充実・改善方策について」２００３年）。ここでは「学力」は「生きる力」の「知の側面」——つまり「学力」は「生きる力」の一側面としました。基礎・基本を徹底するとして学力テストを重視していくには、「学力」という言葉が必要であったと思われます。そして「学力」に、生きる力の「問題解決能力」も加えて「確かな学力」という言葉を使うようになりました。それは「知識・技能に加え、自分で課題をみつけ、自ら学び、主体的に判断し、行動し、よりよく問題を解決する資質や能力、思考力・判断力・表現力を含む確かな学力」として説明されています。

「学力の３要素」

その４年後、今度は、「学力の３要素」という言葉が登場します。１９９８年改訂の学習指導要領では週５日制や「総合的な学習の時間」の設置により、教科学習の時間が減りましたが、やがて学力低下問題としてとらえられるようになります。そこで、小・中学校、2008年改訂の学習指導要領は、〝ゆとり教育批判〟への対応策も加えて改訂を行なうと同時に、文科省は、2007年に学校教育法を改正し第30条2項に「学力の3要素」を盛り込みます。そこには「生涯にわたり学習する基盤が培われるよう、基礎的な知識及び技能を習得①させるとともに、これらを活用して課題を解決するために必要な思考力、判断力、表現力その他の能力②をはぐくみ、主体的に学習に取り組む態度を養う③ことに、特に意を用いなければならない」とあります。この学力観は、学問上の見解ではなく、活用型能力を重視するOECDやPISAテストの動向を強く反映したものでした。

「学力テスト」の一人歩き

3つの要素を加味した学力観を根拠に、学力テストは、2007年には、学んだ知識・技能をみる従来のA問題に加え、それが活用する能力になっているかを測るB問題が加えられました。以降、学力テストの出題内容や設問の妥当性については、さまざまに指摘・批判がされてきているにもかかわらず、文科省はまともにそれに応えず、「学力」は「学力テスト」が示すものととらえる傾向を引き起こしています。また、学力テストの点数・順位を上げるために、過去の問題の反復練習、都道府県・区市による独自テストの実施、結果の公表等が行なわれ、全国の学校が学校間・地域間競争に追い込まれるという、「学力テスト体制」ができ上がってしまいました。これらは、学ぶことの楽しさ、わかる・できることの喜び、仲間づくりの機会などを子どもたちから奪い、明らかに学校教育を歪めています。多くの「普通」の小中学生には学力向上対策を、一部の「優秀な」子にはエリート育成のための別の対策をという、学校教育の二極化が、政府・行政にとっては好都合だからではないのかとの声さえあります。このような体制は残念ながらメディアからの疑問・批判もほとんどありません。

次期学習指導要領がめざす「育成すべき資質・能力」とその「3つの柱」

「論点整理」は、「学力の3要素」で育成してきた成果をより充実させ、さらに、社会の変化に対応する能力の育成が強く求められるとして、３つの内容を柱とする「育成すべき資質・能力」を提起しました。「資質・能力」という表現には、学習によって獲得できるもの・できないものを、「発達学」や「行動生理学」、「遺伝等の知見」に基づく精緻な検討がないままに使用しているとの疑問も出ていますが、「資質・能力」という言葉には、ＯＥＣＤがコンピテンシーやリテラシーなどの能力概念を使用していることが関係しています。資質・能力の３つの柱を次ページの表に示します。

「個別の知識・技能」（何を知っているか、何ができるか）

「論点整理」では、知ること・できることは並列に並んでいるように書かれていますが、別の箇所には、「何ができるようになるのかという観点から資質・能力を整理する必要がある」と書かれており、「知ること」より「できること」にウエイトを置いています。「知識」の意味を理解することなくただ暗記することは否定されるべきものですが、子どもが学校でしか「知る」ことができない学問に裏づけられた質の高い内容を知り理解することがなければ、「何ができるか」や次の「思考力等」につながらないことに留意する必要があります。

「思考力・判断力・表現力等」（知っていること・できることをどう使うか）

思考・判断・表現は、本来、その子・その人の自由であるものですが、ここでは、「問題解決を協働で行うため」の思考・判断・表現と限定している上に、その出来具合を評価するというのは（43ページ以下参照）、個人の自由の上に成り立つべき思考力・判断力・表現力とは本質的に違うものであることに留意する必要があります。そしてなぜ、「つかうこと、できること」を重視するのかと言えば、子どもの諸能力の発達にとってではなく、グローバル化という社会の変化に適応して生きるために、問題解決能力が必要であり、さらに、経済大国を進める「人材・人的資本」としての経済人としての能力を期待しているからです（4章参照）。

学びに向かう力・人間性

〝どのように社会や世界と関わり、よりよい人生を送るか〟は、個人が考えることであって、行政が口を出すことではありません。また、「学びに向かう力」は、「学びに向かう態度」と呼び方を変えて評価するとしており、それは個人の考えることを行政が方向づけることです。現在行なわれている観点別評価の「関心・意欲・態度」に相当するものであり、これを観点として取り上げること自体の問題が指摘されてきたところです。

3つの柱における③の位置と拡大する内容

内容の柱の③は、①②をどのような方向性で働かせてい

表　資質・能力の３つの柱とその内容

	①	②	③
柱	何を知っているか・ 何ができるか （個別の知識・技能）	知っていること・ できることをどう使うか （思考力・判断力・表現力等）	どのように社会・世界とかかわり、よりよい人生を送るか （学びに向かう力、人間性等）
内容	各教科等に関する個別の知識・技能など	主体的・協働的に問題解決をしていくため必要な思考力・判断力・表現力等	①②を決定づける情意や態度等にかかわるもの。主体的に学習に取り組む態度にかかわるもの。―項目ア・イが続く
全ての教育活動（教科（道徳科も含む）、総合的な学習の時間、特別活動等）をこの視点で通す			
③ に付記している内容（ア・イの記号は筆者） ア　学びに向かう力や、自己の感情や行動を統制する能力など、いわゆる「メタ認知」に関するもの。 イ　多様性を尊重する態度と互いの良さを生かして協働する力。持続可能な社会づくりに向けた態度、リーダーシップやチームワーク、感性、優しさや思いやりなど、人間性等に関するもの			

注 1）「論点整理」と「同補足資料」より筆者作成
2）　資質・能力と全体のカリキュラムとの関係図は、50 ページ参照のこと

くかを決定づける重要な要素としていますから、③を重視していることは明らかです。しかも、③のア・イの内容には、①②との整合性のない内容もあり、文部科学行政が望む事柄を滑りこませたという印象を強くします。アの「自己の感情や行動を統制する能力」は、本文で「保護要因」としてとりあげ、わざわざ注をつけて「社会不適応を起こす可能性を予防するもの。自己の感情や行動を統制する能力や、よりよい生活や人間関係を自主的に形成する態度等を獲得すること……」と説明をつけています。社会的不適応を個人の努力のみによる解決を方向づけるこの内容に、国家が国民を支配・統制する論理をみる思いをします。

資質・能力の本質は何か

次期学習指導要領は「社会に開かれた教育課程」がキャッチフレーズです。〝開かれた〟という言葉の意味は、グローバル化・情報化などの「社会の変化に適応していく教育課程」であり、政府・財界が求める「経済発展と国家政策を遂行する『人材』・資本とに求められる資質・能力」です（4章参照）。このことは、「資質・能力」が、従来の中教審答申の「生きる力」「確かな学力」「学力の3要素」が示す、道徳的内容を引き継いでいることからもわかります。これは、子どもや学校を二分していくことも、予想してのことのように思われます。経済のグローバル競争に打ち勝つための自覚と能力を備えた少数のエリート、リーダーを育成する教育と、こうした教育の下で生み出された多数の子どもの不満や不安、歪みへの対応として、学びに向かう態度や人間性の教育を打ち出しているとも考えられます。

世界で始まった PISAテスト批判

日本で学力テストに活用型学力を調べるためにB問題が加わったのは、２００７年のことです（ちなみにA問題というのは、学んだことの理解度を測るテスト）。導入の背景には、OECD主催のPISAへの対応があります。PISAとは〝Programme for International Student Assessment〟＝生徒の学習到達度調査のことです。15歳児を対象に読解力、数学的リテラシー、科学的リテラシーの3分野について３年ごとに調査を実施し、２０１２年には65カ国・地域が参加しています。

国際的なテストには、これ以前に国際教育到達度評価学会が主催する「国際数学・理科教育動向調査」（TIMSS）があります。

OECDとは

OECD（経済協力開発機構）の本部はパリにあり、１９４７年にアメリカが発表した欧州経済復興計画（マーシャル・プラン）を受け入れるための組織として１９４８年に設立されました。１９５０年にはアメリカ・カナダが参加し（日本は１９６１年参加）、現在（２０１４）では、市場自由経済の先進国34カ国が加盟しており（中国・ロシアは加盟していない）、「経済成長」「貿易自由化」「途上国支援」の3つを目的にかかげています。この経済組織が、世界の教育に対して大きく発言力を持つようになっています。

PISAテストが考案されるまでの経緯

それは、アメリカがOECDに「国際教育指標事業」に取り組むよう働きかけたことに端があります。１９８３年レーガン大統領政権時、子どもたちの低学力という事態に直面したアメリカは、国内では、各学校・大学を測定基準の下で競争させ、OECDには「国際教育指標事業」を行なうよう提案し、OECDはそれに同意しました。国際教育指標事業とは「民営化こそが効率的で有効であり教育産業への市場整備をする」と「人的資本育成のためのカリキュラムを開発する」という2面からなる、自由経済の側からの「カリキュラムの国際化」を根底で意図するものでした。この試みが、上記でみたPISAテストです。

OECDの「能力」と論点整理の「資質・能力」

OECDは、これからの社会に

おける望ましい主要な能力（コンピテンシー）として「相互作用的に活用する能力（言語・テクノロジーなど）」「異質なグループにおける人間関係能力」「自立的に行動する能力」を考えました。これらは、表向きは「知識基盤型社会への対応」といわれますが、統合へ向かうヨーロッパの国々の国民に求められる能力を基礎にしています。ＯＥＣＤ自体が、この能力はビジネス部門や企業側からの発想であり、生産性や市場競争力を高め、企業の求めに見合う労働力などの能力であると本音も語っています。しかし、「論点整理」では、企業が求める能力ということは伏せて、複雑な社会の変化に対応する能力として説明します。

「論点整理」が示す、「何ができるかを重視」「思考力・判断力・表現力」「対話と協働」「主体的な態度」は、このＯＥＣＤの能力の日本版と言えます。「論点整理」は、ＯＥＣＤとタイアップして世界をリードする日本の教育を進めると述べています。

はじまったＰＩＳＡ批判の運動

しかし、２０１４年４月、アメリカ教育学会で、そこへ招かれたＰＩＳＡのリーダーのシュライヒャーに対して、ＰＩＳＡへの批判的意見の表明が行なわれました。それをきっかけに、ＰＩＳＡへの反対署名運動が国際的に始まっています（http://daiyusuzuki.blogspot.jp/2014_05_01_archive.html）。

「意見書」（邦訳　児島功和・中村清二）は、「ＰＩＳＡによる新しい支配体制は、……よりＰＩＳＡに特化した「業者」製の授業内容が増え、教師の自主性を奪い、子どもたちや教室に悪影響をもたらし、教育を貧しくさせています。このようにＰＩＳＡは、学校においてすでに高いストレスレベルをさらに上昇させ、私たちの子どもや教師の心身の健康を危険にさらしているのです。……影響力を持ついかなる改革もたった一つの狭い尺度の基準にのみ依拠するべきではありません」と述べています。そして、「ＯＥＣＤが世界中の教育の目的とその方法のグローバルな権威となっている現状には理解に苦しみます。……私たちは、教育の伝統や文化がもつかけがえの無い多様性を、単一で、狭く、偏った尺度を用いて測定することが、最終的に、私たちの学校や生徒たちに取り返しのつかない悪影響を及ぼすということに強い懸念を抱いているのです」と結んでいます。

ＯＥＣＤと歩調を合わせて教育を変えようとしている次期学習指導要領への警告として受けとめるべきと思います。

4 なぜ「アクティブ・ラーニング」を導入するのか

アクティブ・ラーニングとは

アクティブ・ラーニングは、日本語では能動的な学習方法と直訳されますが、教師が話し、生徒がそれを聞くという伝達型の方法を、静的・受動的な学習方法として批判し、学習する者自らが参加するさまざまな活動的・能動的な学習方法とされています。

文科省は、その例として発見学習、問題解決学習、体験学習、調査、グループ・ディスカッション、ディベート、グループ・ワークなどを挙げています。「論点整理」では、問題解決・協働・対話・主体的だけをキーワードとして取り出し、それをアクティブ・ラーニングとしました。そして「資質・能力」を育成するには、すべての教育活動においてこの方法が必須であるとしています。

アクティブ・ラーニングは大学教育からはじまった

１９９０年代、アメリカでは「大学の大衆化」を迎え、教授による伝達型の授業方法についていけない学生が多くなる中で、学生の能動的な学習を促す方法が必要とされました。これがアクティブ・ラーニングです。日本では、そのような傾向はやや遅れて現れますが、中教審は、２０１２年に大学教育の質的転換を促す答申（「新たな未来を築くための大学教育の質的転換に向けて――生涯学び続け、主体的に考える力を育成する大学へ」）を出し、大学におけるアクティブ・ラーニングを推奨します。今、さまざまな対話型の学習方法や「知識構成型ジグソー法」などのアクティブ・ラーニングに盛んに取り組んでいるのは大学です。ジグソー法は、最近では、発達段階の検討もなく教育委員会などを通して、高等学校から中学校・小学校までも降りてきています。

「知識構成型ジグソー法」とは

「知識構成型ジグソー法」は、東京大学大学開発教育支援コンソーシアム推進機構が設計した教育法で、他人との考えの違いを知ることを重視する「協調学習」をもとにしていると説明されています（表参照）。この方法を下敷きにして各地の教育委員会が独自に作成しているケースもあります。

「ジグソー法」の実際

はじめ：教師は「答えるべき共通の問い」「答えを出すために必要な部品である、文献や実験、動画等、資料の提示」を行い、子どもはそれぞれ異なる資料を分担する。

展開：下表参照

意義・成果：コミュニケーションスキル、イノベーションスキル（はじめは解けなかった問題に対して違う考えを統合して答えを出せるようになる）、コラボレー

表　知識構成型ジグソー法

①	②	③	④	⑤
問題について自分の考えを書く。	同じ資料を選択した人でグループをつくり資料を検討し合う。（これをエキスパート活動という）	違う資料の人でグループをつくりそれぞれ報告し検討する。	③の活動で問題解決の回答をつくり、クラス全体で発表し合う。	個人で再び問題に対して自分の考えを記入する。
	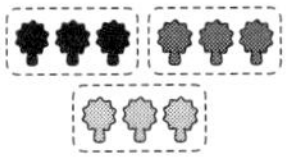	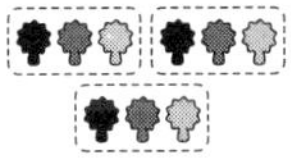		

東京大学開発教育支援コンソーシアム推進機構

ションスキル（話し合いを通じて自分の考えをよくする）が含まれ、資質・能力目標をスキルに分割して学習活動の中に埋め込んでいる。

ジグソー法の5つの問題点

たしかに、この教育法には、問題解決・協働・対話はありますが、多くの問題点があります。

①テーマも資料も教師が与えており、教師の手のひらの上での積極的な態度を主体性としている。

②資料を読む力がないと成立しない。子どもの学力状況によっては、単なる活動に終わる可能性が高い。

③グループ活動の過程で議論内容を先生がキャッチすることが困難であり、子どもの間違った理解の下で討論が進む可能性がある。

④「要約をまとめる」「発表・質問する」「違う意見をつなぎあわせる」という「方法」を理解しても、意義・成果で述べている諸能力を育てるのは多くの学校では無理ではないかと思われる。せいぜいプレゼンテーション能力を育成することになるのではないか。

⑤ジグソー法が高校で導入されるきっかけは、アクティブ・ラーニングを導入した大学の入試制度の改革案からであることを踏まえる必要がある。さらに特定の方法を、画一的に導入することの問題性は、「論点整理」でも指摘している。

学習指導要領の改訂のたびに輸入用語や目新しい概念が喧伝され、教育関係者や保護者が振り回されています。間もなく消えてしまった数々の事例（教育内容の現代化、ゆとりなど）があり、教育関係者に慎重な対応が求められています。

蓄積されている豊かな能動的学習法や教材研究

豊かなアクティブ・ラーニング

日本の良心的な教師たちは、子どもが自分で疑問や問題をみつけ、先生に尋ねたり、なぜだろう、どうしたらいいかと、調べたり、地域に出かけたり、自分で資料を見つけたりして、取り組んだとき、話しなさいと言われなくても子どもは話したくなるという経験を沢山重ねてきています。

残念ながら高等学校の受験科目でこうした授業実践が少ないのは、大学入試制度がネックになっているからです。文科省は今、大学入試もアクティブ・ラーニングを取り入れる方向で進めていますが、アクティブ・ラーニングで求める資質・能力を定めて評価するのですから、競争自体は大きく変化しないと思われます。

教材研究

日本の教員たちは、主体的に子どもが自分のこととして学べるような、教材研究を進めてきました。それは授業の導入時に子どもたちの興味・関心に沿う授業づくりを大事にしてきたからです。教材研究に費やす時間を保障することがまず求められます。

学習（指導）方法

学習の内容や指導方法は子どもたちの状況によって異なるものであり、教師が工夫するものであることは教育の常識です。伝達型の授業と豊かな能動的な学習方法を融合させてきたこれまでの実践を引き継ぐ必要があります。

学校は、「知」を媒介にして学ぶところ

なぜ「論点整理」では即「活用」を求めるのか

「論点整理」では、活用力と評価はセットになっていて、学んだことを即、活用することになっています。グローバル化の進展の中で多国籍企業の「人材」として求められる能力を期待しているからでしょうか。しかし、「知」には、それが可能な事柄と、さまざまな体験を重ねる中で後になって初めて思考や判断につながるものもあります。今、子どもたちは「知」を即活用することに追いたてられています。それでは学びの楽しさ・深さを味わうことにはなりません。

学校は何をするところか

ノーベル賞受賞者の山中伸弥氏は、次のように発言しています。

「……たとえば難病の治療方法などは非常に大切なのですが、それは近未来のことです。やはり50年、100年先を考えるとしっかりした基礎研究をしていかなければなりません。もちろん、みんながんばるように競争的な考え方をとり入れることは大切だと思いますが、思いがけない新たな発見のためには研究者の勇気（じっくり時間をかける勇気―筆者注）が必要です。競争、競争というとそうした勇気を後押しできない」

山中氏のこの言葉は、教育にも当てはまるように思います。成果をすぐに求めるようなことはセーブしなければなりません。子どもが「知」をしっかり理解すること、これを媒介にして人格を育てることが学校教育の柱です。学校教育をグローバル化の支配下に置いてはならないのです。

5 「パフォーマンス評価」は子どもに何をもたらすか

そもそも評価って何だろう

毎年、学期末がやってくると、「そろそろ評価の時期が来た」という話が、職員室のあちこちから聞こえてきます。教員なら疑問なく使っているこの言葉ですが、「評価」とは、誰の何を誰が評価するのでしょう。

「学習指導要領」と「指導要録」（学籍と指導に関する記録の公簿、学校教育法で作成するよう定められている）では、「学習評価」という言葉が使われています。子どもがどこまで学び得たかを評価する、という意味で使われます。「学習評価」をすることは当たり前だ、と考えている方が少なくないように思われます。

しかし、文科省の「学習評価」では、「学習指導要領」に書かれている目標そのものの適否が問われることはありません。ところで、日本国憲法第26条には「すべて国民は、法律の定めるところにより、その能力に応じて、ひとしく教育を受ける権利を有する」と定められています。この「能力に応じて」は、子どもの能力を最大限伸ばすことだ、と解釈するのが一般的です。つまり、どの子にもしっかり学力をつけるのが教師の務め、ということになります。

言うならば、文科省の「学習評価」に対して、教師は「教育評価」をこそ行なうと考えます。「教育評価」とは、子どもの学習状況を評価しながらも、その一方で、教員が授業で教えた、あるいは、子どもが取り組んだことについて、教員の取り上げた内容や教材や教え方などを振り返って評価し、次の教育活動に生かす評価活動で、教員自身が子どもたちに教え得たのかを評価しよう、という考え方です。

「指導要録」は公簿であり、法律でつくらねばならないものですが、保護者や一般の目に触れることは、開示請求でもない限りはありません。通知表はそのような決まりはなく、通知表のない学校もあるように、つくるかつくらないか、どのような形式にするかなど、各学校で決められるものです。しかし、常に子どもと保護者の関心の的になり、最近は「指導要録」に準拠した通知表が多くなっているという残念な状況があります。

2つの異なる通知表

観点別評価型の通知表

現行の「指導要録」では、教科別の出来具合を〝よくできる・できる・もうすこし〟などの段階で示す評定のほかに、観点別評価が行なわれます。観点とは①関心・意欲・態度、②思考・判断、③技能、④知識・理解の4つ（国語のみ5つ）で、評価することになっています。東京都のある区の通知表は次のようなものです（表❶）。

はたして、子どもの学力をこのようにバラバラに分けられるのでしょうか。まず問題だと思うのは、

①の「関心・意欲・態度」に当たる項目です。「学習したことを生かそう」

表❶　観点別評価の通知表　算数の例

算数	①	調べたり考えたりすることの良さに気づき、学習したことを生かそうとする
	②	さまざまな活動に取り組み、見通しをもち、筋道を立てて考える
	③	計算やその活用ができ、面積を求めたり、作図したり、関係を調べたり、表したりする
	④	小数・分数の意味、図形の性質や垂直・平行がわかる

としているのかなど、子どもの心を評価するのは困難なことです。そこでノートの点検や提出物が出ているか否か、そのようなことで評価することになってしまいがちです。

②の「思考・判断」も子どもの意識・心の内側のことであり、同じように評価することは困難です。

そして④の「知識・理解」に当たる部分ですが、多くの教員は、計算は得意でも図形が苦手な子、またその逆の子がいることを知っています。

この評価項目では、子どもにとっても、保護者にとっても何ができて何がもう少しなのかがわかりにくい内容にならざるを得ません。

到達度評価型の通知表

到達度評価とは、子どもの学習状況を、クラス集団の中でほかの子どもと比較して〝よくできる・できる・もうすこし〟と評価する相対評価を批判して、教師が子どもに教えた内容をどのくらい理解したか＝到達度＝で評価しようという考え方です。そして、「関心・意欲・態度」など子どもの内面にかかわることは、それらの向上を重視し目標にかかげても、それを評定しないという見解に立っています。今、文科省が進めている「目標に準拠した評価」とは、子どもの内面を積極的に評価するという点で大きく違っています。

表❷は1学期の項目ですが、学期ごとに項目が異なります。学期によって学習する内容が異なるので当然のことです。項目が具体的で、客観的に評価

表❷　小学校4年生（1学期）通知表　算数の例

	3位数に3位数をかける計算ができる
	角度について理解し、分度器で測ったり作図したりできる
	3位数や4位数を2位数でわる計算ができる

できるもののみになっています。これなら子どもも保護者も、この通知表をもらったら、「かけ算はできていたけれど、角度の学習がまだ不十分で復習が必要だな」などと振り返ることができます。また教師の側も、この項目は未到達な児童が多い、目標に問題があったのか、教材にもう一工夫が必要だったのかなどと考えることができます。

観点別学習状況の評価は困難

日常の教育活動の中での観点別評価で一番問題になるのは、「関心・意欲・態度」の評価です。ある中学校の教師から伺った話です。教師と生徒の会話です。

生徒：先生、あいつ授業中寝てたから、平常点マイナスですよね。
教員：ぼくは、授業態度では点数をつけないよ。
生徒：あーあ、真面目にやってて損したなあ。

なんとも悲しい話ではありませんか。これからやってくる「道徳」の教科化もそうですが、教師の顔色を見る「いい子ちゃん」づくりにつながるのがこの「関心・意欲・態度」の評価ではないでしょうか。ただし、この観点別評価が導入されて20年過ぎ、教育現場では、教師が悩まず評価できるようにマル秘のマニュアル作成が行なわれ、形式的に定着してしまっているのが現実です。自治体によっては区や市で統一された通知表が用意されている場合も多々あります。

「論点整理」で提案されている評価

３項目の観点別学習状況の評価

「論点整理」では、「資質・能力」に対応させて観点別評価の観点を、従来の観点（①関心・意欲・態度、②思考・判断、③技能、④知識・理解）の４項目から、①知識・技能、②思考・判断・表現、③主体的に学習に取り組む態度の３項目に変えています。整理されてはいますが、内容はほぼ同じです。

「パフォーマンス評価」「ポートフォリオ評価」等の導入

「論点整理」では、アクティブ・ラーニングの導入に対応させて、「ポートフォリオ評価」「パフォーマンス評価」などを重視することが述べられています。いずれも米国で開発された評価方法の１つです。

「ポートフォリオ評価」は、すでに「総合的な学習の時間」などで行なわれてきていますが、俗に「紙挟み評価」というもので、子どもが自分で取り組んだ勉強の記録や作品を、順次、ファイルなどに綴じていき、最後にそのファイルなどを教師がみて子どもの学習状況を評価し（できれば３人以上の目で行なう）、それを子どもや保護者などに対し、その結果と今後の課題などを伝えるという評価方法です。教員の今の多忙化の状況で、これを行なうのはかなり無理があるように思います。

「パフォーマンス評価」は、「知識やスキルを使いこなす（活用・応用・統合する）ことを求めるような評価方法で、論説文やレポート、展示物といった完成作品（プロダクト）や、スピーチやプレゼンテーション、協働での問題解決、実験の実施といった実演（狭義のパフォーマンス）を評価する」と説明しています（「論点整理」）。

しかし、このような方法は、「パフォーマンス」と言わなくても、従来から部分的に行なわれてきています。問題は、この評価は、どのくらい〝わかった、できた〟かを評価するのではなく、授業で学んだことをもとに〝何をしているか〟をみる評価方法です。だから「パフォーマンス」評価なのです。

そうなると、客観的な評価は困難になり、そこでルーブリックという新規の〝ものさし〟が登場してきます。

「論点整理」では、「ルーブリック評価」を採用するとは提言していませんが、すでに関西の一部の学校では取り組みが始まっており、中教審の審議には必ず資料として出てきますので、採用が推奨されることが予想されます。

このような評価は子どもに何をもたらすか

子どもたちが常に教師の顔色をうかがいながら学校生活を送ることになっていくことが予想されます。とくに観点別の③の「主体的に学習に取り組む態度」の評価が問題です。そして教師にとっても常に児童生徒を「監視」する、評価のための評価を行なうことが今まで以上に多くなり、いわゆる評価に追われる状況に拍車がかかるのは目に見えています。

「論点整理」が提案する「評価」は、学問に基づいた知識をきちんと理解できたかを評価するのではなく、資質・能力、そして測定困難な態度まで、あえて言えば人間のすべてを評価することになるとの危惧があります。態度や意欲は大切ですが、日々の授業での「信頼関係の下で」声かけや、文章表記での評価など数値化しない評価がなじむと考えています。

「ルーブリック」とは？

パフォーマンス評価の評価方法にルーブリックがあります。ルーブリック（rubric）は英語で、評価規準（評価をする数項目の観点）と評価基準（達成の度合い）のマトリックスとして示す評価指標です（表参照）。ルーブリックを作成するためには、事前に試行的なパフォーマンスをさせ、その実態から基準・規準を複数の教師が検討し作成します。複数の教員の検討の下につくるので主観的でなくなり、子どもや保護者にも説明責任が果せる上にペーパーテストに弱い子が救われるなど、優れた評価方法という意見もあります。もう一方で、作成の手続きからみると、これは目標に準拠した評価（目標にどこまで到達したかをみる評価）ではなく、相対評価（子どもとほかの子どもと比べてレベルを判定する評価）ではないのか、しかも、マトリックス表の文章上ではいろいろ書いても実演（口頭発表など）の評価は教員の印象が強く影響するのではないか、という批判的な意見があります。多忙化で子どもに向き合う時間が少なくなっている教員に、このようなルーブリックを作成する時間はない上、根本的には表にあてはめて評価すると、子どもの個性や独創的な見方・考え方・演じ方をつぶすことになるのではないか、という意見も多々あります。

表　ルーブリックの例 — 英語科「聞くこと」の活用力のルーブリック

評価規準／評価基準	話されている内容から話し手の意向を理解することができる。	質問や依頼などを聞いて簡単な言葉や動作などで適切に応じることができる。	まとまりのある英語を聞いて、全体の概要や内容の要点を適切に聞き取ることができる。
3	質問・指示・依頼・提案を聞き、場面や状況に応じて相手の意向を理解することができる。	指示・質問・依頼・提案を聞き、場面や状況に応じて、言葉や行動によって適切に応じることができる。	まとまりのある英語を聞き、概要（話された内容のあらまし）を理解することができる。
2	質問・指示・依頼を聞き、場面や状況に応じて相手の意向を理解することができる。	指示・質問・依頼を聞き、簡単な言葉で、返答することができる。	まとまりのある英語を聞き、要点（聞き手として必要な情報）を理解することができる。
1	（省略）	（省略）	（省略）

広島大学「中学校英語科における活用力の育成と評価に関する研究」（2012年）

6 「カリキュラム・マネジメント」は何をねらうのか

カリキュラム・マネジメントという用語はすでに現行の学習指導要領（2008年）の、「効果的・効率的な指導のための方策」という箇所にあり、「論点整理」では「学習指導要領の理念を実現するために必要な方策」として、アクティブ・ラーニングとカリキュラム・マネジメントの2つがともに学校全体の改善の鍵であると、重要な位置づけをしています。

カリキュラム・マネジメントの2つの側面と1つの方策

このカリキュラム・マネジメントは、まず「育成すべき資質・能力の3つの柱を踏まえた日本版カリキュラム・デザインのための概念」の図で説明されています（図❶参照）。日本版とはOECDの示す教育に準じた日本の教育を指し、図❶が示すように、資質・能力の育成を達成する手段に、アクティブ・ラーニング、学習評価の充実、カリキュラム・マネジメントの3つを位置づけています。

図❶　育成すべき資質・能力の3つの柱を踏まえた日本版カリキュラム・デザインのための概念

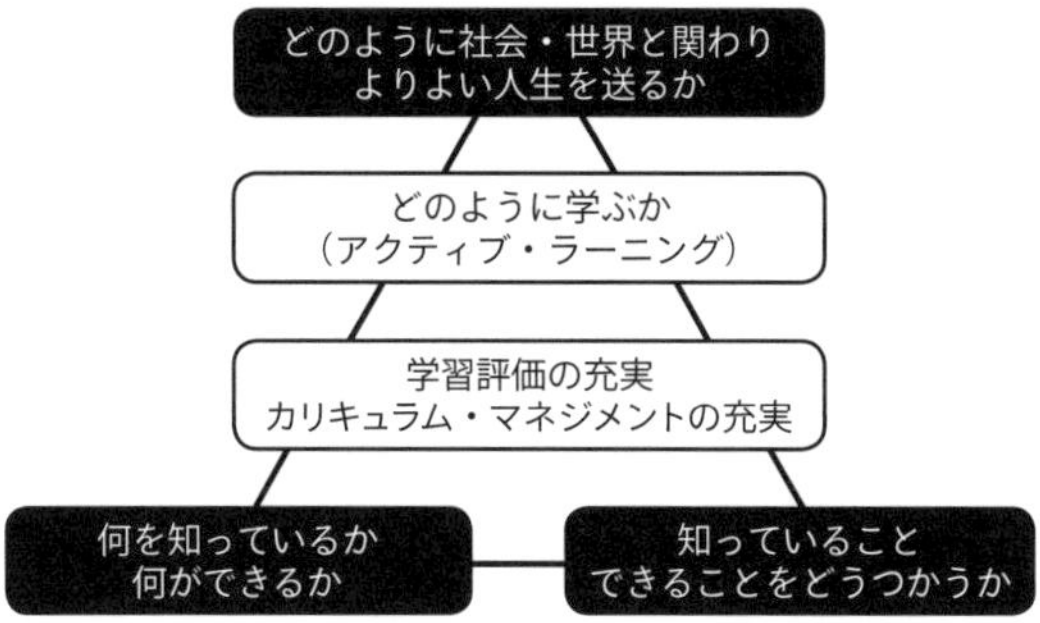

（「論点整理」補足資料より筆者作成）

カリキュラムがOECDの考えに沿って考案されていること、さらには、学習評価とカリキュラム・マネジメントが同じ括りに位置づけられていることに注意を払う必要があります。

肝心の「学習指導要領の理念を実現するために必要な方策」の箇所では、「カリキュラム・マネジメントの重要性」と「学習指導要領の理念の実現に向けて必要な支援方策等」の2つの項目で関連させて記述しています。カリキュラム・マネジメントには、①教育課程にかかわること、②PDCAサイクルを確立すること、③学校の管理・運営にかかわることの3つの側面があるとしています。①を進めるために③は不可欠で、①と③は相互関係にあることを述べていますので、②は①③を実施するための方策であり、この3つの関係は図❷（次ページ）のように示すことができます。

明確にした教科横断型の教育課程への移行と国・教育委員会などの助言体制

側面1の教育課程の改善については、「学校の教育目標を踏まえた教科横断型の視点で……教育の内容を組織的に配列していくこと」と書いています。これまでみてきた資質・能力、アクティブ・ラーニング・評価に関する記述では、教科横断型教育課程を肯定的には書いていても明言していませんでしたが、教科横断型の内容を組織的に配列することを、ここではじめて断言しています。さらに、それに取り組む学校内の体制づくり、さらに、国と教育委員会などによる助言体制の整備についてまでも述べています。助言とは、行政が直接、個別の学校に対する上からの強制的指導になることは目に見えています。

その背景には、OECDが教科横断型のカリキュラムを指向しており、日本の「総合的な学習の時間」を高く評価していることも背景にあります。教科横断型の教育課程をどのようなものとイメージしているのか定かではありませんが（合科、問題解決学習、現代的テーマ学習など？）、学問・科学を背景に

図❷　カリキュラム・マネジメントの全体像

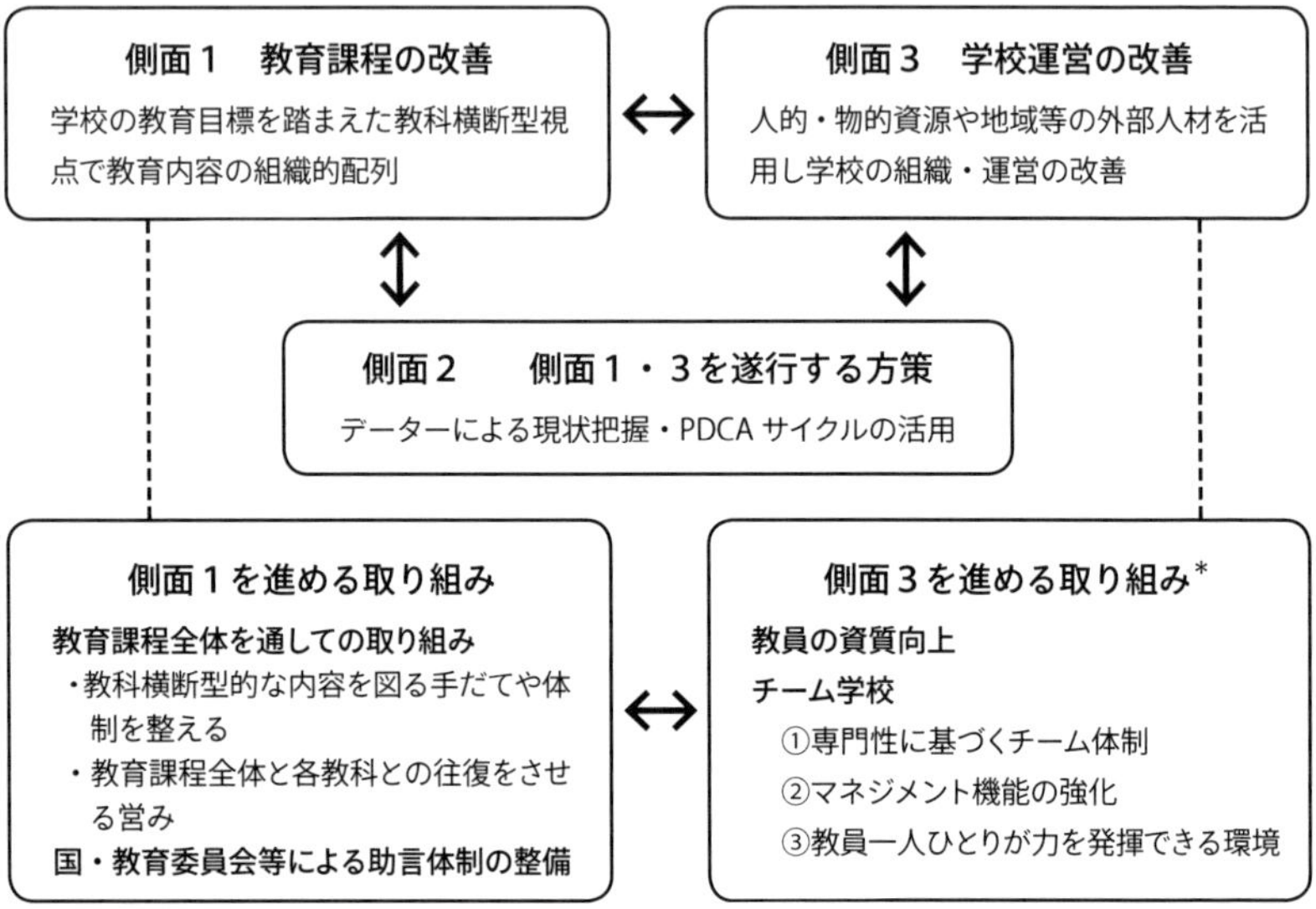

＊ 側面3を進める取り組み

教員の資質向上に関する内容	
研修･採用･養成の各段階での取り組み ･アクティブ･ラーニングや情報通信技述（ICT）を利用した指導法･道徳･英語･特別支援教育等への養成･研修	
チーム学校を実現するための視点とその方策	
① 専門性に基づくチーム体制	教職員の指導体制の充実（指導教諭の配置促進）、地域との連携体制の整備（地域連携担当教職員の法令化）、教員以外の専門スタッフの参画（部活動指導員、カウンセラー等の法令化等）
② マネジメント機能の強化	管理職の適材確保（管理職の研修）、主幹教諭制度の充実（管理職の補佐体制の強化、主幹教諭の活用方策･育成等）、事務体制の強化（管理職を補佐等）
③ 教員一人ひとりが力を発揮できる環境	人材育成の推進（人事考課を処遇等に反映･学校単位の表彰等）、業務環境の改善（教職員のストレスチェック等）、教育委員会による学校への支援体制の充実

注1）「論点整理」「同補足資料」及び中央教育審議会答申を基に筆者作成
2）「チームとしての学校の在り方と今後の改善方策について」（答申）を基に筆者作成

して教科が成立し、教科教育を学校教育の中心的な柱としてきた基本が揺らぎ、学校教育の性格が変容していくのではないかという危惧があります。

教員研修・チームとしての学校・教育委員会などによる管理強化

学習指導要領の内容に沿って働くための教員研修

文部科学行政が教員研修や養成に関心をもつことは当然です（２０１２年には「教職生活の全体を通じた教員の資質能力の総合的な向上方策について（審議のまとめ）」が出されています）。しかし、学習指導要領の内容を実践するための研修だけであったり、文部科学行政に協力的な教員の資質・能力だけを求めるのであれば、教員は、国家が意図する教育の歯車としての一員でしかなくなります。

しばしば教員の質が話題になることがありますが、教員の質において、子どもの声を聞く力や子どもに寄り添う感性があるかどうかは重要です。それを可能にするのは「自由な時間と信条の自由」という余裕です。資質能力の向上をいう以前に、教員に余裕を取り戻す課題が行政にあるように思います。

「チームとしての学校」という「学校組織の運営・管理システム」の導入

「チーム」という言葉は、同じ目標に向かって切瑳琢磨する仲間という響きがあり、快く感じる人は多いと思いますが、「チームとしての学校」はそれとはまったく違うチームの姿として説明されています。中教審答申「チームとしての学校のあり方と今後の改善方策について」（２０１５年12月、図❷参照）は「チームとしての学校」を実現するための視点として、①専門性に基づくチーム体制の構築、②学校のマネジメント機能の強化、③教員一人ひとりが力を発揮できる環境の整備の３つを挙げています。学校運営が民主主義から遠ざかることは十分に予想されます。

「チームとしての学校」は部分的にすでに実施されてきていますが、校長の権限（人事評価・予算配分）を大きくし、それを補佐する体制（副校長・事務長・主幹教諭・指導教諭など）を確立し、それ以外の教諭・養護教諭・事務職やスクールカウンセラー・部活動指導員などはチームのために各々の専門性を生かして働く要員と考えられています。

さらに、図❷下のチーム学校の③には、校長の人事評価で高く評価された教員は厚い処遇を受け、カリキュラム・マネジメントが上手く機能している学校は表彰されるという〝褒美〟もついています。表彰は、教員間を分断し、学校の管理・運営の責任はその学校にあるという自己責任を徹底し、結果として今以上に、教員間・学校間に競争をもたらすことになります。

「論点整理」は、「チームとしての学校」の実現を通じて、学校の組織運営を改善・強化していくことを提言していますが、カリキュラムという用語を利用して学校組織の管理・運営まで指揮権を発揮することは、学習指導要領の範囲を著しく逸脱しています。

ＰＤＣＡサイクルの導入は教育に適切か？

ＰＤＣＡサイクルは、計画（Plan）→実行（Do）→点検・評価（Check）→改善のための行動（Action）→新たな計画のようにある事柄を実行する際の一連のステップをいいます（29ページ参照）。米国で開発した手法で、企業がモノを生産する際の品質管理などに適用されています。品質の点検・評価をするには、それ以前とそれ以後の客観的なデータが必須で、カリキュラム・マネジメントでデータに基づくＰＤＣＡを特筆する理由はここにあります。

ＰＤＣＡの詳細の検討はここでは省きますが、以下のような検討すべき点があります。

①教育は、人間を相手にしており、その結果をデータ化することは多くの場合無理がある（個々の子どもの家族構成、経済状況、保護者の文化水準、住環境、個性、身体状況などが均一ではない）。
②調査の作成・集計・分析は、多忙化している教員の勤務状態が改善されないと不可能であり、結果として教育産業にその処理を委託することになる。教育結果の評価がデータ中心になれば、教育を数字で語りがちになり、教育の真随から限りなく逸脱していく恐れがある。
③学力差は、家庭の経済格差との相関が大きいことが各種の研究データで解明されているが、教育の課題としては家庭経済の改善は解決し難く、また、クラス定員の削減が効果があると考えても、教育環境の改善は容易ではない。ＰＤＣＡサイクルは、一見合理的に見えるが、与えられた条件の中で、ひたすら改善点を工夫し続ける、結果として「這い回る反省・努力・工夫主義」に陥る危険性が高い。

モノの生産に活用されてきたＰＤＣＡサイクルを〝人間が人間を育てる教育〟に取り入れるには、多くの問題があります。

教育課程編成の主体が学校になるのか？

現行の学習指導要領（２００８年）では、「教育課程編成・実施に関する現場主義の重視」を述べました。これを好意的に受けとめた教育関係者は多かったのですが、実際には、この方向へは進まず、逆に学習指導要領の拘束が強化されたという現実があります。「論点整理」では、「教育課程とは、……学校の教育計画であり、その編成主体は各学校である」、カリキュラム・マネジメントは「学校の教育目標を踏まえて」とも解説しています。

このような言葉だけを捉えて、学校が主体的に教育課程の編成をする可能性が出てきたと理解する人もいますが、「学習指導要領が指示する枠内で、学校はそれぞれ工夫する」という限定付きであり、学校が自由に教育課程を編成できるようになることではありません。「主体」の用語を使ってあたかも、学校が主体的に教育課程の編成ができるかのように説明するのは行政の「まやかし」です。

カリキュラム・マネジメントの意図はどこにあるか

「評価」による競争と従順

カリキュラム・マネジメントでは、教育課程と学校運営・管理の2つをＰＤＣＡサイクルという方法で「評価」し、「ひと」(子ども・教員)も「こと」(学校管理・運営)も、すべて「評価」を中心に動くことを求められます。具体的には、道徳科では「こころ」が評価され、すべての教育場面では「パフォーマンス評価」が行なわれ、教員には人事考課が、学校には「チーム学校」としての評価が行なわれるという、評価で成り立つ学校となります。子どもにとっても教員にとっても息苦しいものになることは目に見えています。

学校の姿を変える

カリキュラム・マネジメントは、教科横断型の教育内容への変更にとどまらず、ピラミッド型の上下関係の下での従属を要請しています。一般の教職員は上からの指示に従い、学校の管理・運営方針に従って、その分を尽くすことを求められます。こうした学校の有り様は、学問・科学を媒介にして人格の完成をめざす学校から、政府・財界など力のあるものへ従う「人材」を育成する学校への変容、また、教員による民主的学校運営からトップダウンによる人員管理・統制への変更であり、学校の性格を根本的に変えてしまいます。カリキュラム・マネジメントという手法によって「学校の変質」が遂行されようとしています。

学校が教育課程の編成主体であることを「てこ」にして、教員・保護者・地域住民がつながり、文字通り、下からの教育課程や学校づくりに着手していく必要があります。

7 子どもと学校はどうなるか

学習指導要領の改訂を先取りした授業や研究発表が各地で行なわれています。その様子を紹介しながら、子どもと学校がどのように変えられてしまうのか、考えてみたいと思います。

「わかった」「できた」よろこびが消える

中学3年生の国語の研究授業を参観した先生の感想を紹介しましょう。

森鴎外の『高瀬舟』を扱った授業でした。普通なら、時代背景も含めて〝読み取り〟をするのに10時間以上かかる作品です。参観したのは、全体を5時間で構成したうちの4時間目でした。〝読み取り〟は前の時間で終わっていて、その時間は、グループに分かれて批評文を書くための討論をしていました。

ということは、あの『高瀬舟』の〝読み取り〟を、たった2〜3時間ですませたということです。私は、まずそのことに驚きました。いま、同じ地域で中学1年生を担当していますが、先日、ある文学作品の〝読み取り〟をしている時に、「先生、『丘』って何ですか?」「『湖』って何ですか?」という質問を受けました。大人にとっては〝当たり前〟と思うような基本的なことであっても、イメージできない子が増えていると思います。この子たちが3年生になった時に、たった2〜3時間で『高瀬舟』をしっかり読み取ることができるとは、とても思えないのです。授業後の研究会で講師の先生が「国語的読み取りに時間をかける時代ではない」と言われましたが、私は、一定の知識や理解抜きに批評文を書くことはできないと思います。

案の定、グループ討論の様子を見ると、「できる子」たちは活発に発言していますが、どのグループにも、「聞き役」に徹して何も発言できない子や、ボーッとしてしまっている子たちが多く見受けられました。2〜3時間の〝読み取り〟で『高瀬舟』の批評文を書くのは無理があるのではないかなあ、聞いているだけの子たちは楽しくないだろうなあと思いましたが、講師の先生は「子どもたちが活動する、すばらしい授業」だと絶賛していました。

これからは、このように子どもたちが討論したり、その内容を発表し合ったりする授業がふえていくのでしょう。そのこと自体を否定するものではありません。むしろそれは、どの子にとっても「わかって楽しい」授業をすすめたいと思って努力している教師たちが、これまで積極的に行なってきたことでもあります。

しかしそれは、子どもたちがより楽しく、より深く理解できるようにするための方策の1つであって、この授業のように討論や発表そのものを目的化したものではありません。このような、作品の〝読み取り〟をないがしろにしたまま、とにかく話し合ったり発表し合うだけの授業で、子どもたちは、文学作品を読み取る力をつけたり、「『高瀬舟』を読んでよかった」「作者の思いを理解できた」と思うことができるのでしょうか。

子どもたちにとって〝学校〟とは、これまで知らなかったことを知り、できなかったことができるようになって「楽しい」「うれしい」と思える場だと思います。仲間と一緒にそうした体験を積み上げていくことが、子どもたちを成長させていくのではないでしょうか。

「論点整理」が強調する「アクティブ・ラーニング」を、どの教科にも、どの時間にも押しつけることは、子どもたちから「わかった」「できた」という〝よろこび〟を奪い、すべての子どもに基礎的な学力を保障することを困難にしてしまうのではないでしょうか。

学校生活のあらゆる場面が「点検」「評価」の対象に

次に紹介するのは、「特別の教科　道徳」を先行実施している小学校の授業を参観した先生の報告です。

〝形から入る〟指導が徹底していました。「前言後礼」といって、まず「お願いします」とか「ありがとうございます」と言ってからお辞儀をしなさい、と教えていました。低学年の授業では、「なぜ、姿勢を正しくしなければならないのですか?」と先生が質問し、子どもたちが「話をしている人に失礼がないようにするためです」「そのほうが気持ちがよいからです」などと答えていました。「礼儀をよくしなさい」と、上からすりこまれている感じがしました。

高学年では、SNS上でのトラブルの例をとりあげて、「あなたなら、どうしますか?」という質問に対する回答を班ごとに話しあい、発表しあう授業をしていました。机をあわせて班をつくった途端、ある男の子が「これ、正直に言っていいの?」とつぶやきました。子どもたちは、教師が何を求めているか敏感に感じとり、それに合わせて討論したり発表しているのかもしれないな、と思ってしまいました。

その後の全体会で、この学校では「気づく→考える→実践につなげる→深め、ひろげる」という流れで学習していて、とくに「実践につなげる」ことを大切にしているというお話がありました。考えたことを「実践」することが求められる、ということは、子どもたちは授業で扱った徳目を「実践」しているかどうかを点検され、評価されるということです。それがこれからの「道徳」なのか、と思いました。

「論点整理」は、「評価」について詳しく述べています。例に挙げられている「パフォーマンス評価」(47ページ参照)の実際を調べてみると、たとえば口頭発表などの場合、「アイコンタクト」をして人をひきつける話し方をしているなどを「5」、話し方や文章の構成がほぼ正しいなどを「4」、話し方や文章にいくつかの間違いがあるなどを「2」、話し方がわかりにくいなどを「1」という「規準」に沿って評価されるようです。

東京の都立高校の推薦入試には、「集団討論」があります。5~6人の受験生が試験官の前で、与えられたテーマについて討論します。中学校では、その際、「コミュニケーション能力」「思考力」「判断力」「表現力」「積極性」「協調性」「傾聴力」「バランス感覚」などが評価の対象になるのではないか、などと予想をたてて練習しています。子どもたちは、自分の発言内容以上に「話し方」や「聞き方」「姿勢」などを気にかけなければならず、「すごく緊張する」と言います。これも、「パフォーマンス評価」の1つではないでしょうか。

「集団討論」は30分間で終わりますが、次期学習指導要領が実施されれば、毎時間の「アクティブ・ラーニング」への取り組み方が「点検」「評価」されることになるのでしょう。また、「論点整理」は、「特別活動」は「道徳的実践のための重要な学習活動の場となる」と述べています。ということは、子どもたちは1時間1時間の授業はもちろん「特別活動」の時間まで、すなわち学校生活のあらゆる場面での行動の仕方や態度が「点検」「評価」されるということです。何と息苦しい学校生活でしょう。そんなことが小学校1年生から12年間も行なわれたら、子どもたちはゆがめられてしまうのではないでしょうか。

「戦前の教育によって、私は、『人間は建前で生きるものだ』ということを教えられた気がする。いまの教育は、そうした戦前の教育と似てきたような気がしてならない」。これは、先ほどの道徳の授業の話を聞いた〝戦中派〟教師の発言です。こうやって、〝お上〟の言うことに逆らわないだけでなく、本音はともかく積極的にそれを推進してみせる「人材」に仕立てあげよう、というのが次期学習指導要領のねらいではないでしょうか。

第3章 教科・科目をどのように変えるのか

1 「道徳科」をすべての教育活動の上に

道徳の「特別の教科」化は「修身」体制現代版

今までの「道徳の時間」は、2015年3月の学習指導要領一部改訂によって、小学校では18年度、中学校では19年度から「特別の教科　道徳」（道徳科）に「格上げ」されることになりました。「道徳科」は「学校の教育活動全体を通じて行なう道徳教育の要《かなめ》」とされ、ほかの教科においても、「道徳科」の示す内容について「各教科の特質に応じて適切な指導をすること」が規定されました。「論点整理」は、このような〝全教育課程を道徳の下におく構造〟を前提として、「道徳科」に「核となる役割」を果たすことを求めています。これは、「修身科」を筆頭教科とした、戦前の「教育勅語」体制を想起させます。

さて、「学習指導要領解説　総則編」と「同　道徳編」では、「歴史的経緯に影響され、いまだに道徳教育そのものを忌避しがちな風潮があること」を課題の一つに挙げて道徳の教科化を合理化していますが、「解説」の言う「歴史的経緯」とはいったい何なのでしょうか。

戦後の教育は、戦争の反省に立ち、かつての国家主義教育から民主主義教育へと大きく転換しました。「修身科」の停止、「教育勅語」の排除・失効という教育の民主化の流れの中で、1951年には「道徳教育は社会科、特別教育活動（小学校では「教科以外の活動」）をはじめとした学校教育の全面をつうじておこなう」という方針（全面主義）が、学習指導要領に明示されました。しかし、その後「愛国心を柱とする道徳教育」復活の圧力が強まり、1958年には、多くの教育関係者の反対を押し切って「道徳の時間」が特設されたのです。

「歴史的経緯に影響」されて、道徳教育が忌避されているという主張は、戦後の民主主義教育を否定し、過去のものとして葬ろうとする「戦後レジームの転換」を標榜する側からの言いがかりにほかなりません。道徳の「特別の教科」化は、戦前の「修身」体制復活をねらった〝一方的現状変更〟であることを「歴史的経緯」に付け加えておく必要があります。

「子どもたちの今にはたらく道徳教育」を実践してきた教師たち

道徳教育は「道徳の時間」に指導されるもの、と理解している保護者も少なくありませんが、実際には学校における道徳教育は、次のような3つの形で行なわれてきました。

①教科教育や教科外活動を通して
②日常的な生活指導を通して
③取り立てて設定した授業を通して

こうした中で、週1時間の「道徳の時間」は、取り立てて設定した道徳の授業にあてられる場合もあれば、予定外の指導にあてられる場合もあります。

たとえば、休み時間が終わって次は国語、ところが、一人の子どもが泣いていたとしましょう。ここで、それを放置したまま授業に入る先生はいません。まず、泣いている子に事情を聞きます。泣きじゃくって事情説明どころではない場合もあります。「○○ちゃんがどうして泣いているのか知っている人？」「見た人？」「聞いた人？」というふうに、ほかの子どもの証言を集めて「事件」の状況を明らかにしていきます。

小学生の場合、思いと事実がごちゃまぜになって証言されるので、整理しながら全員に理解させていきます。「みなさんはどう思いますか？」と「事件」に直接関係していない子どもたちにも「学級で起きた事件」にかかわらせていきます。傍観者をつくらないための重要な指導です。行き違いによる仲たがいであっても、暴力が介在する場合であっても、ていねいに、謝罪も含めた和解に到達するまで指導し、全員で確認します。

こういう日常生活の指導の積み重ねで、子どもたちは道徳性を高めていくのです。もし、この「事件」を「次の道徳の時間に話し合いましょう」として指導を先延ばしにしたのでは、子どもたちにリアルに考えさせ、当事者として事件にかかわらせることはできません。このような場合の指導には即時性が求められるのです。「事件」を生きた教材とした、待ったなしの道徳教育なのです。

こんなふうにして、予定していた国語の授業が道徳教育に振り替えられた場合、次の「道徳の時間」は、その分の国語を指導することになります。これを、子どもたちは「国語の時間がつぶれた」「道徳の時間なのに国語をやった」と言うかもしれません。しかし、道徳も国語も「時間」の枠を超えてきちんと授業されているのです。

多くの教師たちは、日々、そのような日常の生活指導によって子どもたちの道徳性を高めてきました。ただ、当の教師たちはそれを「生活指導」と言い「道徳教育」とは認識してこなかったかもしれません。その背景には、「道徳の時間」で行なうものは「形式的な道徳教育」、子どもの生活実態に沿って行なう生活指導こそ「子どもたちの今にはたらく道徳教育」という確信があったのだと考えます。それは、リアルな子どもの姿を通して得た確信であり、だからこそ誇りを持って実践してきたのだと思います。

ともあれ、「道徳の時間」は、フレキシブルな運用と、生活指導の名で展開される道徳教育の相互関係の中で利用されてきました。子どもたちの実生活に即した実効的な道徳教育の方法の中に組み込まれて機能してきたと言えます。

道徳教育こそ「子どもから出て子どもに還る」形で

このように全面的に展開されてきた道徳教育を、学習指導要領に示された「内容項目」（学年により19～22項目）に矮小化しようとするのが道徳科であり、さらに、それを固定化させるのが、近年進んでいる指導方法のスタンダード化です。若い教師の急増に対応するための措置だという声も聞こえてきますが、すべての教師の指導をスタンダードという形で統一することによって子どもたちを型にはめ、手っ取り早く「教育成果」をあげるための手段となっているのではないでしょうか。

しかし、教育は〝子どもから出て子どもに還る〟ものです。この原則に立った教材選択と授業づくりを行なうことによって、子どもの人間性を高める豊かな道徳教育を進めることができます。

教材選択の際には、

・子どもにとってリアリティがあること

・気づいてほしい認識内容があること
・科学的、現実的な価値認識に裏づけられた感動があること
を念頭に、人物を取り上げる場合も含めて、歴史的、社会的、環境的な背景を把握できるよう配慮することが必要です（『民主的な道徳教育を創造するために 実践編』さいたま教育文化研究所、4ページ）。

また、教材分析の視点として、次のようなことが挙げられます。
・子どもの発達段階に適しているか
・内容は事実か
・やらせはないか、科学的に検証されているか
・出典は明らかか、原典の文脈から逸脱していないか
・誇張、隠蔽、歪曲、改ざん、過度の脚色はないか
・人権、平和、民主主義に反していないか
・少数派や弱者の尊厳は護られているか、差別的な要素はないか
・個人から社会への働きかけはあるか
以上のような観点から教材分析と指導方法を検討し、道徳のよりよい授業づくりを進めていくことが、子どもたちにとって豊かな学びを得られる道徳の授業につながります。これこそが、子どもたちや保護者、市民が道徳教育に期待していることではないでしょうか。

道徳科の評価はしてはならない

道徳科の評価については、「数値による評価ではなく、記述式であること」をはじめとして6項目を挙

げ、専門的に検討するとされています。その中には、現在、「指導要録」にある「行動の記録」などの在り方を総合的に見直すことも含まれています。

「行動の記録」は、すでに実質的な道徳性の評価となっているように見えますが、果たして行動や態度を正しく評価することはできるのでしょうか。子どもの行動や態度の動機、環境、背景、人間関係上の問題などを総合的に把握しなければ、その評価は客観性を持ち得ません。

そんなことが一人の教師にできるのでしょうか。客観性を担保したつもりでも、教師の一方的な思い込みや決めつけとなる可能性は大きく、公平性を欠くものにならざるを得ません。行動や態度は指導の対象ではあっても、評価の対象にしてはならないものです。

道徳の評価についても、まったく同じことが言えます。「数値による評価か、記述式か」「相対評価か、個人内評価か」という問題ではなく、道徳の評価は「内心の自由」に抵触する行為となる可能性もあります。つまり、道徳の教科化は最終的に「子どもの道徳性を評価（評定）」するという人権侵害を、教師に強制するものであると言えます。

以上のように、評価や教育内容、教育方法など、どの観点から見ても、道徳の「特別の教科」化の必要はありません。これを強行すれば、本来あるべき民主的な道徳教育は困難となり、子どもたちの人格形成は歪められるおそれがあります。このような「道徳科」はあってはならないものなのです。

教科や教科外活動における道徳教育

たとえば、体育科においては、技能を高める指導と同時にフェア・プレーを指導します。「ルールを守る・審判や対戦相手を尊重する・全力を尽くす・勝っても驕らず、負けてもふてくされない」などの道徳性を高める指導は、体育科の授業を通してこそ効果のある道徳教育です。

国語の場合、日記や作文指導における生活文、論説文などを書き、読み合う活動は、ものの見方、考え方や人間への理解を深め、ことばと道徳性をともに育む優れた道徳教育となります。

読解指導においても、道徳性を高める教育は展開されます。旧日本書籍『わたしたちの小学国語６年下』に「言葉一つで世界が」（文：田川時彦）という教材がありました。映画『奇跡の人』を引用しながらヘレン・ケラーとサリバン先生の葛藤や苦悩を描いていきます。「わたしのやり方は、ヘレンを言葉に服従させようとしているだけではないか」「人間のたましいを呼び起こすことが果たして、わたしに可能なのだろうか」……このような部分を深く考えながら、子どもたちは「言葉一つで、あなたに世界があげられる」の意味と「言葉の教育の大切さ」を、感動をもって学びました。この授業は、単に読解力を高めるだけでなく、人物の葛藤や選択を自らの生き方に重ね合わせ思考する、道徳性を高める授業でもあったのです。それは、「教科の特性に応じた教材や学習過程そのものから、子どもの自主的な判断力の育成や子どもによる価値の選択が行なわれ、結果として優れた道徳教育になっている側面」（『民主的な道徳教育を創造するために　実践編』３ページ、さいたま教育文化研究所）なのです。

「私たちは教科指導において、子どもたちに人間的な感情（豊かな感性＝人間への認識、共感の能力、美的感覚）や身体能力を育み、自然や社会を科学的にとらえる力を獲得させることをめざします。その学習を通じて、子どもたちは感動や怒りなどの感情を心に刻みながら人間観を豊かにし、自らの行動・態度につながる価値・規範意識を発達させていくことになります」（同上『実践編』３ページ）。教科外活動においても、子どもたちは共同する楽しさの中で、民主的な価値や規範を身につけ、道徳性を高めていくのです。

2 高等学校に新設される道徳・規範教育の科目「公共」

現在、高等学校の教科「公民」には、「現代社会」「政治・経済」「倫理」が、いずれも選択科目として置かれています。「論点整理」では「現代社会」をなくして全員必修の科目「公共」（仮称）を設置することが提言され、現在これらの内容の検討作業がワーキング・グループで行なわれています。

科目「公共」設置は自民党の政策

この「科目」の提案者は自民党で、自民党は一貫して道徳・規範教育の強化を教育政策に掲げ、2010年に「公共」の設置を提案しています。2013年には、その具体案を添えて、当時の下村文部科学大臣に手渡しています。当時の各社の新聞報道をまとめると、その内容は以下のようなものでした。

〈目標〉若者の自立・公共性の涵養・主権者意識の育成など、
〈内容〉職業選択・消費生活・家族・社会保障・社会保険等・納税・社会（政治）参加・市民教育など

この「具体案」提出の1年後、中教審道徳専門部会（2014年4～9月）では、この科目について数人の委員が単発的に意見を述べただけですが、同部会の「まとめ」（2014年9月）では、高等学校で新たに科目を設置することを検討すると述べました。そして2015年、当時の下村文部科学大臣

は中教審に「国家及び社会の責任ある形成者となるための教養と行動規範や、主体的に社会に参画し自立して社会生活を営むために必要な力を、実践的に身に付けるための新たな科目等の在り方」を諮問し、「論点整理」は、諮問とほぼ同様の内容で科目「公共」の設置を提案しました。

そもそも「公共（公共性）」とは何か

これまでの「公共」

政治学者の斎藤純一は、これまでは「公益」や「公共事業」という言葉で、国家が「公共」を独占してきたが、１９７０年代頃から「ベトナムに平和を！市民連合」やさまざまな環境保護運動などを通して国家からも市場経済からも独立した、市民の政治的・発言・実践としての「市民的公共性」の実体が現れたと述べています（斎藤純一『公共性』岩波書店）。市民的公共が正当である根拠は「憲法は、国家権力を制限して人権保障をはかり、主権は国民に存する」ことを定めたところにあります。

変質させた「公共」の登場

ところが、２０００年、自民党は「市民的公共性」とはまったく異なる、市民の自己責任・自立を主とする「新しい公」を打ち出します。小渕内閣の諮問機関・「21世紀日本の構想」懇談会は報告書（２０００年）で、「自己責任で行動し、自立して自らを支え」「自由で自発的な活動を繰り広げ、社会に参画し」と述べます。さらに２０１０年、時の政権与党の民主党は「新しい公共」を打ち出しましたが、最近では行政側が「市民・企業・政府等が各々役割をもって当事者として参加・協働し、支え合いと活気のある社会」を「新しい公共」として説明し、盛んに使われるようになりました。ここには、国家・企業・市民の間にある、質的・量的な力の格差を棚上げにし、さらに、憲法に基づき国家を統制するという役目をもつ主権者の存在を認めない、国民が総活躍する社会参加と協働の公共性があります。つまり、国民主権と立憲主義を曖昧にした「公共」になっています。

科目「公共」の内容

内容の柱から見える「非学問性」

ワーキンググループが示す内容の柱は、①「公共の扉」②「自立した主体として社会に参画し他者と協働するために」③「持続可能な社会づくりの主体となるために」とあります。①で、「倫理的主体となること」が書かれていますが、学問としての「公共」を学ぶ内容ではありません。そのことは、②③のタイトル「〇〇するために」という言葉からもうかがわれ、この科目がある行動や考えを求めている科目であることの証左といえます。少なくとも教科であるためには、学問を基礎にした内容が求められます。

まやかしの主体

ワーキンググループは、法的主体（個人や社会の紛争を調停・解決）、政治的主体（合意形成を通してよりよい社会を築く）、経済的主体（個人の尊重とより活発な経済活動の両立）、知的主体（望ましい情報社会を築く）などを挙げています。当初あった、家族や地域に関する主体はなくなり、それは別枠として「主体となる個人をささえる家庭・地域等にあるコミュニティ」となっています。題材の例として、職業選択やキャリア教育を含むさまざまな題材例が列記されていますが、自民党の内容案のほとんどを網羅しているものになっています。

このように、どのような主体になるべきか、またその内容まで規定した「主体」を教えようとすることは、国民主権を否定しているとの疑いを持ちます。また、政治的主体の形成を提唱する文科行政が、18歳の選挙権実施を前にして、高校生や教員の政治的活動を制限している事実からわかるように、ここでの主体は、国家が求める内容に意識的・自覚的・積極的になる主体として想定されていることは多言を要しないでしょう。

主権者の概念が不在

「公共」「社会参画」「主権者」もその意味の説明がなく使用されています。ちなみに、義務教育の道徳科に、この科目の設置と連動させて「社会参加」「公共の精神」が新たに加わりましたが、そこには、主権者という文言はありません。その一方で、政府行政は「社会参加」と「政治的リテラシー」という用語を使用して主権者教育を述べます（「常時啓発事業研究会報告書」総務省２０１１）。しかし「主権者に必要な政治的リテラシー」という視点はありません。憲法では、主権者とは国民であると規定しています（「主権在民」）。国民は、発言・行動を通して政府・行政側を統制する権利と責任があり、主権者の視点からさまざまな社会的・政治的・地域的課題に取り組むことへの理解と実践が、「主権者に必要な政治的リテラシー」ということになります。「主権者」という自覚なしに社会参加することだけでは、行政の言う「新しい公共」の枠内での活動でしかないと思います。

科目「公共」の本質

「公共」という科目は、この言葉を都合よく利用し、国家の政策に積極的に参加・協力する「公民」を育成しようとする国家道徳・規範教育を担うものと言わざるを得ません。市民（シティズン）の概念についても、市民的権利を行使する主体から、自己責任・自立を内容とする市民に変質させています。これらを世界の動向だからと言って肩を並べて歩くのか、それとも民主主義とそれに基づく教育の理念を堅持し、怯まず、「主権者」を育てる実践を編み出し、「市民的公共性」を積み上げていくのか、「主権者教育」は岐路に立っています。

ところで、日本学術会議は、「18歳を市民に――市民性の涵養をめざす高等学校公民科の改革」と題する提言を公表しました（2016年5月）。そこでは、「市民の生活に影響力をもつ「公共」の権力機構が国家であることは変わらない。……市民がいかなる形で国家を支え、国家をコントロールするかについては、とりわけ重点をおいて学ばせる必要がある」と述べています。

3 問題だらけの小学校英語の早期化・教科化

2020年から施行予定の次期学習指導要領では、現在小学校5・6年生に実施している外国語活動（体験的に英語等に触れる活動）を3・4年生に下ろし、5・6年生では外国語（英語）を国語や算数などと同等の教科にしようとしています。教科になると、教科書を使って読み書きも教えられ、通知表には英語の成績が記載されます。

国際社会はグローバル化時代。子どもたちに早くから英語を学ばせたほうがよい。そう考える大人も多いようです。しかし、英語教育の専門的な立場からみると、たいへん危険な落とし穴が隠されています。

英語学習は早いほどよいか？

英語圏で暮らすことになった小学生は3カ月もすれば英米人のような発音で英語をしゃべり、親を驚かせます。そのため、「英語は早くから教えるにかぎる」と思い込んでしまいます。

しかし、実は「英語学習は早く始めるほうがよい」というのは、学問的な根拠や実証データのない神話にすぎません。

英語圏で暮らした子どもたちも、帰国すると数カ月で英語を忘れてしまいます。日本では日常生活で英語を必要としない上に、英語と日本語とは言語の構造が大きく異なりますので、文法学習によって文の仕組みを理解し、読み書きの練習を重ねないと定着しにくいのです。文法の理解を伴わない会話中心の英語力は、鉄筋を入れないブロック塀のように崩れやすいと言えるでしょう。文法などの抽象的な理解力は中学生の頃に著しく発達しますので、小学校で英語をたくさん学んだ子と学ばなかった子との差は、中学校を終える頃にはなくなってしまいます。

さらには、小学校で英語を本格的に学んだ子どものほうが、中学校に入ると聴解、会話、読解、英語学習やコミュニケーションに対する態度のすべてで伸び悩む、という調査研究さえあります（日本児童英語教育学会プロジェクトチーム、２００８年）。英語学習に飽きてしまうことが一因のようです。

英語の学習で大切なことは、早期に始めることではなく、指導内容の質と学習時間の量です。つまり、児童英語教育に熟達した教師が指導し、１５００～２０００時間以上をかけない限り、有意な効果は期待できないのです（バトラー後藤裕子『英語学習は早いほど良いのか』岩波新書、２０１５）。

では、現在の日本の小学校で質・量ともに充実した英語教育が可能でしょうか。教育学部で英語教員の養成と研修に従事してきた筆者の経験から判断すれば、「不可能」と言わざるを得ません。

教員養成・研修・予算のすべてが不十分

最大の問題は、英語を指導できる優秀な教員を大量かつ短期間に確保することが困難なことです。小学校は全国に約2万1千校もあり、中学の2倍、高校の4倍です。

英語指導で最もむずかしいのは、小学生などへの入門期の指導です。単語も文法も知らない子どもたちに、もっぱら音声だけで指導しなければならないからです。ところが、英語の音声は日本語と著しく異なりますから、指導者には本格的な訓練が必要です。韓国では、小学校の英語を教科にした際に、教員に１２０時間以上の研修を課しました。

日本ではどうでしょう。必要な予算が確保されていないため、各小学校につき1人の先生に十数時間の研修を行ない、その先生が職場に戻って同僚に研修内容を伝達するというものです。これでは質の高い英語指導は望むべくもありません。

小学校教員のうち英語教員免許を持つ人の割合は5％程度です。文科省は小学校の一部の教員に大学で中学校英語免許を取得させる「免許法認定講習」の実施を全国の教育委員会に求めています。しかし、準備不足などから２０１６年度には全国の約半数の自治体しか応じず、17年度には全国的に強制実施されそうです。

そうなれば、該当する小学校教員は土日・夜間・夏休みなどに大学での受講を迫られ、多忙化にいっそう拍車がかかります。児童と向き合う時間が減らされ、結果的に小学校教育全体を劣化させる危険性があります。ですから、少なくとも認定講習受講中の代替教員を保障させる必要があります。

なお、当初は教科としての英語に週3時間を割く予定でしたが、指導体制の不備や児童の負担増への懸念から、週1時間プラス15分×3回程度の短時間学習を組み合わせて実施せざるを得ないようです。これでは学習効果が低い上に、教師は週4回の授業準備に追い立てられるでしょう。小3～小6の英語学習時間を合計しても210時間程度です。学習効果が出ると言われる1500～2000時間には遠く及びません。

かすかな朗報は、次期学習指導要領改訂に向けた「論点整理」で、国語教育と外国語教育を効果的に連携させ、音声や文構造などの違いに気づかせる必要性が述べられていることです。教員は無理に英語を教え込もうとせず、国語教育での蓄積を活かして「ことばへの気づき」を促すことに力を注ぐほうが、英語学力の基盤づくりになるでしょう。

英語格差の低年齢化を促進

このまま英語を早期化・教科化すれば、英語塾に通う子どもが増加し、「英語格差」が早期化するでしょう。すでに「我が子に英語　急ぐ親　塾が軒並み活況」（『朝日新聞』2013年5月10日夕刊）といった事態が起こっています。教育特区として小学校3年生から英語教育を本格導入している金沢市などでは、英語力が二極分化し、英語嫌いの児童が増えていることが報告されています。入試に英語を課す私立中学校も増えていますから、小学校段階から「受験英語」対策にシフトすることも危惧されます。

影響は中学校以降にも及びます。文科省は小学校英語の早期化・教科化に伴って、中学校と高校の到達目標を引き上げる計画です。高校卒業までの新出単語数を現行の3000語程度から4000～5000語程度にまで大幅に増やし、中学校では「テレビニュースを見て概要を伝える」、高校では「社会問題や時事問題などを発表・討論・交渉できる」高度な英語力を求めています。しかも、中学校から英語の「授業は英語で行なうことを基本とする」と定め、指導方法まで国家統制しようとしています。

こうした無謀な方針が実施されれば、小学校から英語格差が始まり、中学・高校を通じて格差が加速化することは必至です。しかも、英語は英検などの外部検定試験によって格差が可視化されやすいので、学ぶ意欲を失う子どもが増えることが懸念されます。

上位1割の「グローバル人材育成」策と決別を

英語格差の拡大は政策的に進められています。政府の「グローバル人材育成」策は、英語を使ってグローバル企業に奉仕する上位1割ほどのエリートを育成するためであることを明言しています。残り9割の子どもたちの教育環境は劣化し、機会均等を原則とする「国民教育としての英語教育」は破壊されていくでしょう。

英語が使える「グローバル人材育成」は、多国籍企業と投資家たちの教育要求に応えるものです。いまや日本経団連役員企業の株式の約3分の1はアメリカなどの外国人投資家に握られており、彼らは英語をビジネス共通語にしたいのです。ですから「企業が世界一活動しやすい国」をめざし、アメリカとの従属的な同盟強化をめざす安倍内閣は、日本の「英語化」を図りたいようです。

そのための手法が、官邸主導によるトップダウンの政策決定です。実は、小学校英語の早期化・教科化は、外国語教育の専門家や文科省の主導ではなく、安倍内閣が2013年6月に閣議決定した「第2期教育振興基本計画」に盛り込まれました。驚くことに、同「基本計画」を審議してきた中央教育審議会の答申（同年4月）には、この方針は入っていませんでした。首相の私的諮問機関である教育再生実行会議が、同年5月に提出した「第三次提言」に盛り込んだ方針なのです。同会議に英語教育の専門家は1人もいません。

このように、小学校英語の早期化・教科化は、学問的な裏づけも、実践的な検証もないまま、グローバル企業の利益のために政治主導で強行されようとしています。今後の国政選挙では、こうした教育政策に対する厳しい審判が必要です。

莫大な税金と労力をかけて、小学校英語の早期化・教科化を実施する意味はありません。今力を注ぐべきは、危機に瀕している中学・高校の英語教育に予算と人員を投入することです。とくに外国語教育の充実には少人数学級が不可欠です。生徒同士の学び合い・高め合いを通じて学力と人間関係力を伸ばす協同的な学びの普及も急務です。

外国語教育の目的は、世界の多様な言語と文化を理解することを通じて、平和な世界を築くことです。そのためには、英語だけでなく、中国語や韓国・朝鮮語などを含む多様な言語を学ぶ機会を増やすべきです。これらを求めていきましょう。

4 高等学校に新設される「歴史総合」

「歴史総合」とは

「歴史総合」は、従来の「日本史」・「世界史」両科目を統合した新科目として構想されているもので、すべての高校生が履修を義務づけられる2単位の科目です。この科目は、歴史教育に対する国民的な要求を背景にさまざまな動きがせめぎ合う中で生まれようとしているもので、どんな内容をこの新科目に盛り込むか、今、私たちが文科省に対し働きかけを強めることが、きわめて大切になっています。

２００６年秋に「世界史」未履修問題が発覚してから、高校生が身につけるべき歴史認識をめぐり多くの議論が交わされてきました。一部の右翼的潮流からは、「世界史」ではなく、「日本史」を必修にせよ、という乱暴な議論も飛び出したほどでした。

日本学術会議は議論を重ねて２０１１年と14年に提言を発表し、生徒が興味や関心を持って学び、思考力を培える歴史教育が求められること、「世界史」か「日本史」かの二者択一ではなく、グローバルな視野で現代世界とその中における日本の過去と現在、そして未来を主体的・総合的に考える力をはぐくむ歴史教育をめざすべきこと、そのために新科目を創設すること、などを求めてきました。そして世論による支持を背景に、２０１５年からは文科省中央教育審議会でも「歴史総合」の開設を視野に入れた議論が進められています。ただしその内容には、歴史科目としての魅力を失わせるような懸念すべき点が少なくありません。

中教審の議論に対する懸念

中教審の中では、目下、歴史総合をはじめとする新設科目に、どのような内容を盛り込むべきかをめぐって作業グループでの議論が続けられており、その内容は、文科省のホームページで順次公開されています。２０１６年春、公表された文書には、「近代化」「大衆化」「グローバル化」の３つをキーワードに、その順で学習指導要領を編成する構想が記されていました。しかし、15～16世紀から世界の一体化が進展したことに着目し、そのような角度からグローバル化を論じている近年の歴史研究を考えると、中教審の議論はかなり遅れています。

いやそもそも「近代化」という古色蒼然たる概念を冒頭に掲げることも、おおいに疑問です。全体に20世紀を中心とする現代に偏りすぎており、歴史的な思考を深める配慮が不足していることも懸念されます。そのような傾向を強めるならば、歴史的に考えることの意味や面白さが失われてしまうのではないでしょうか。もし「歴史総合」の内容自体に生徒や教師を引きつけるものがなければ、早晩、教育現場で、この科目の位置づけは低下し、真剣な学習の場ではなくなってしまいます。

日本学術会議提言の強調点

中教審における議論の進展状況を踏まえながら、日本学術会議が２０１６年5月に公表した提言「『歴史総合』に期待されるもの」は、科目の内容に関しては次の4点を強調しました。

①時系列に沿って学び、主題学習を重視する――時代の流れに沿って骨格を構成する試案を示しています。また歴史への関心を高め理解を深めるため、いくつかの主題学習を授業展開の主要な軸とすることも提案しています。

②15～16世紀以降の近現代を中心に学ぶ――異なった文明が緩やかにつながっていく時期（15世紀以前）と近現代を形成する諸要素が各地で形成されていく時期（16～18世紀）に簡潔に触れた後、近現代世界が明確な形をとって出現し展開する時期（19～20世紀以降）を中心にすることを提案しています。

③世界と日本の歴史を結びつけて学ぶ――東アジアをはじめ欧米も含む世界各地と多種多様な結び

つきを形成し、相互に影響を与え合いながら日本の歴史が存在したことに留意し、日本が侵略した地域や植民地化した地域の歴史にも目を配り、関連する問題を広く認識することが重要だとしています。

④能動的に歴史を学ぶ力を身につける――すべての高校生が学ぶ科目ですから、細かな知識の獲得に終始することなく、能動的な学習を通じて生涯にわたって歴史を学び続ける力の獲得を促すことが、きわめて大切です。

以上の4点を踏まえ、日本学術会議の提言は、「歴史総合」を実施していく際の留意点を2点指摘しています。

（1）教員養成と現職研修――高校の教員が実際に「歴史総合」を教える力を身につけられるように、高校教員と大学教員が密接な関係を保ち、大学における教員養成段階では実践的指導力の基礎づくりを、また現職研修の段階では、個々の課題の明確化に努めることが大切になると考えられます。

（2）大学入試改革と「歴史総合」――大学入試センター試験、準備中の新共通テスト「大学入学希望者学力評価テスト（仮称）」、各大学の個別入試などの中で、「歴史総合」に対し然るべき位置を与えることも、この科目が軽んじられないようにする上で、非常に重要になります。

日本学術会議の諸提言はすべてホームページに掲載されています。

「歴史総合」誕生のもう一つの背景

世界に通用する学力を測る世界共通のものさしとして、近年、注目されているのが、国際バカロレアという共通資格試験であり、そこでも歴史を学ぶ力が重視されています。それが文科省が「歴史総合」創設に動く一つの契機になったことは記憶されてよいことです。

国際バカロレアとは、国際的な大学入学資格認定試験のようなものであり、歴史関係の学力を測る問題例として２００５年の出題例（英文）がホームページに公表されています。たとえば民族主義にかかわる問題群には、次のような問いが挙げられています。アジア・アフリカの新興国（自由選択）が直面した主要な国内問題とその解決の情況／インドシナ、インドネシア、アルジェリア（自由選択）で脱植民地化が強い抵抗を受けた実態と理由／非ヨーロッパ圏にある2つの国（自由選択）が冷戦の展開によって受けた影響の評価。

単純な暗記力では、とうてい歯が立たない問題ばかりです。

5 高等学校に新設される「理数探究」

「理数探究」（仮称）とは

「理数探究」は、高校の理科と数学にまたがる選択科目として新しく設置を予定されているものです。ここでは、生徒自身がテーマを設定し、教科・科目の枠にとらわれない探究的な活動を行ない、結論だけでなく探究の過程もまとめて発表する学習を行なうとしています。

一方、文科省は２００2年度から「将来の国際的な科学技術関係人材を育成するために、先進的な数理系教育を実施する」目的で、全国の国公私立高校の中から「スーパーサイエンスハイスクール（ＳＳＨ）」を指定し、そこでは各校独自のカリキュラム編成や大学や研究機関などと連携した授業を行なってきました（２０１６年度は新規指定24校、21億５５００万円の予算配分の予定）。今回の「理数探究」は、ＳＳＨの指導法のノウハウも参考にしながら、高度な思考力を培うとしています。

「内容よりも学習方法」

この科目について話し合ってきた中教審の「高等学校の数学・理科にわたる探究的科目の在り方に関する特別チーム」では、「次の学習指導要領に向けてアクティブ・ラーニング等による学習、つまり単なる暗記・適用などの受動的なものではない主体的・協働的な学習が全面的に打ち出されているが、高等学校におけるフロントランナー的な存在意義がこの数理《（ママ）》探究にある」「内容・知識よりも、進め方・学び方というところが重点的に強調されるべきである」「成果よりも過程を重視する」など、「内容よりも学習方法」という論点を強調しています。具体的な授業・学習の場面で「内容」と「子どもたちの実態」を前提にしないで、学習の「方法」を内容と切り離して重視するという考え方がここでも顕著に表れています。

基礎基本を豊かに学ぶことこそ選択科目の前提

「理数探究」のような合科的総合的な選択科目にとっては、そのベースとなる共通必修としての理科や数学がどれほど充実したものになっているか、ということが前提的な問題となります。これまで高校理科は、科学と人間生活、物理基礎、化学基礎、生物基礎、地学基礎など、数学は数学Ⅰ～Ⅲ、数学Ａ・

B、数学活用など、科目が細分化され、大学受験科目も重なってどれを選択にするかは学校によってさまざまです。数学についてはその内容が現実世界との結びつきを断ち切られた形式的なものであるために必修内容は戦後最低と言ってもよいくらい劣化させられています。理科についても事情は同じです。貧しく痩せた「基礎・基本」を、テストに向けてドリルを繰り返し「暗記しては忘れる」ようなやり方で学んでも基礎的な知識や基本的な技能は得られず、理科や数学の世界へのまともな意欲や興味・関心、見通しが生まれてくるとはいえません。

文科省は、前回の学習指導要領改訂あたりから「科学技術の国際的な競争が激化している」として、「科学技術立国を目指すための数理教育の充実」を掲げてきました。その一方で、日本の高校生の中で理科や数学に学ぶ価値を見出し関心や意欲を持つものの割合はＯＥＣＤ諸国中最低レベルであり著しく低いのです。「社会に出たら理科は必要なくなる」と答えた割合は日中米韓で最多などの調査結果も報告されており、それらは基礎的基本的な学習をないがしろにしてきた結果であるとも言えます。

現在のようにすべての高校生が理科、数学の基礎・基本を共通に豊かに学ぶことが保障されないまま、いくら「先進的な数理系教育」に重きを置くような教育を進めても、それは限られた一部の高校生のみに開かれた差別・選別的なものにならざるを得ず、また、それを選択した者の中でも新たな格差を生む結果になるしかないでしょう。

どんな学問研究も目先の成果を追い求めるのではなく、しっかりした基礎研究こそが土台にならなければならないことは、多くの著名な科学者が指摘してきたことです（山中伸弥氏の発言、42ページ参照）。日本の数理教育も、すべての高校生が基礎的な内容を豊かに学ぶ方向に根本から切り替えてゆくことこそ、今求められていることです。

第4章 なぜ、このような学習指導要領がつくられようとしているのか

1 政権と財界が描く暗い未来を子どもたちに手渡すことはできない

次期学習指導要領の出発点は展望なき未来

次期学習指導要領の基本的な考え方を示した「論点整理」は、「2030年の社会と子供たちの未来」という章からはじまっています。そして学習指導要領は、そういう未来社会に生きる子どもたちに必要な力を育てるものでなければならないとしています。

ではこの「論点整理」は、どんな未来社会像を描いているのでしょうか。

最初に出てくる言葉は「将来の変化を予測することが困難な時代」です。その具体的説明は、2030年には65歳以上の高齢者が総人口の3割になり、生産年齢人口は58％にまで低下すること、世界のGDPに占める日本の割合は2010年の5・8％から2030年には3・4％になることなどです。その上で、グローバル化、情報化、技術革新の影響により「子供たちの65％は将来、今は存在していな

い職業に就く」というアメリカの大学教授の予測を引用しています。

政府・財界やそれに近い学者や評論家のこうした予測は、日本や世界が今のまま進めば当たることになるかもしれません。

でも問題の第1は、なぜ高齢化が進むのか、言い換えればなぜ子どもの数が少なくなるのか、なぜ日本の生産は伸びないのか、という原因を追求し、その解決方向を探求することではないでしょうか。問題の第2は、高齢化が進んだり、日本のGDP比率が下がることで日本に暮らす人々の生活は本当に成り立たなくなるのか、ということです。発展途上国の生産が向上すれば日本のGDP比率が下がるのは当然ですから、そういう新しい状況に合わせてどんな日本の社会をつくるかをともに考えることではないでしょうか。

ところが「論点整理」は新しい未来展望を考えるのではなく、ひたすら将来への危機感をあおるのです。それはなぜでしょうか。

大企業の儲けに役立つ「人材」がほしい

それは危機感をてこにして、これからの教育の目的に、ある方向づけをしたいからではないでしょうか。「論点整理」は次のように書いています。

「予測できない未来に対応するためには、社会の変化に（中略）主体的に向き合って関わり合い、（中略）一人一人が自らの可能性を最大限に発揮し、よりよい社会と幸福な人生を自ら創り出していくことが重要である。（中略）これからの子供たちには、（中略）社会的・職業的に自立した人間として、伝統や文化に立脚し、（中略）膨大な情報から何が重要かを主体的に判断し、自ら問いを立ててその解決を目指し、他者と協働しながら新たな価値を生み出していくことが求められる」

このように主体的、自ら、自立という言葉を繰り返し、強調しています。一見すると、主体的に判断し行動する人間を育てようとしているのかと見間違うほどですが、その真意は「予測できない未来に対応するため」、公的扶助に頼らない「自立」した人間として、自分の幸福な人生は「自ら」創り出せ、先行き不透明な社会の中でも、「主体的に」判断し他者とも協働して「新たな価値を生み出」せというところにあるのでしょう。新たな価値を生み出すというのは、言い換えれば企業の利益を上げるということですから、それができる「人材」の育成を教育の最終的な目的にしようとしているのだと言えます。

安倍政権の教育「改革」と次期学習指導要領

このような教育政策は、安倍政権も含め保守政権の一貫した政策ですが、第二次安倍内閣が成立してから、今までにない急ピッチで、しかもいっそう徹底した教育「改革」の具体化が進んでいます。

安倍首相が自民党総裁に就任し、自民党の政権復帰がほぼ確実とみられるようになった２０１２年秋、自民党本部に教育再生実行本部が発足し、教育改革の総合的全面的なプランがつくられました。第二次安倍内閣が12年末に成立すると、その改革プランを実行するために、首相直属の教育再生実行会議を13年１月に立ち上げます。同会議は同年２月から16年５月までの間に９本の提言を出し、それを受けて中央教育審議会と文科省がその具体化を次々に行なってきました。

その結果、教育内容の統制、学校や教職員に対する統制が今までになく強まり、その中で大企業に役立つ、企業にも政府にも従順に従う「人材」の効率的な育成が強引に進められています。その流れの中で、今行なわれようとしている次期学習指導要領はたいへん重要な意味を持つことになるでしょう。

安保法制＝戦争法を強引に押し通し、戦争する国への道を突き進んでいる安倍政権は、武器輸出も解禁して軍需大企業を儲けさせようとしています。そんな安倍政権とそのバックにいる大企業のために、学校教育が根本から変容させられようとしているのです。

子どもたちに託したい明るい未来

ここで最近100年の歴史とその上に立つ今の世界に目を向けてみましょう。そうすると、今の日本とはまったく違う風景が見えてきます。

今から100年前は、第一次世界大戦の最中でした。ヨーロッパでは国民が総動員され、悲惨な戦場にも多くの人びとが駆り出されました。その経験をふまえ、大戦後、人類は戦争違法化へ踏み出しました。それでも第二次大戦を防ぐことはできませんでしたが、日本・ドイツの反民主主義と他国への侵略支配との戦いを経験した第二次大戦後の世界では、人権と民主主義を守ることが世界のゆるぎない共通認識となりました。また、アジアなどで闘われた植民地からの独立運動をへて、植民地制度の廃止が世界全体で進展しました。

人権尊重の立場からも、最悪の人権侵害を生む戦争を否定する意識がひろがっています。植民地制度の廃止で発展途上国の経済発展が進み、各国間に多面的で密接な経済関係が生まれたため、その面からも国家間の戦争は困難になっています。それらの状況を反映し、東南アジアのＡＳＥＡＮやヨーロッパのＥＵのような地域的平和共同体が各地域に生まれ、第一次大戦後とは比べものにならない非戦の構造が世界に生まれつつあります。

これが今の世界の、平和・人権・民主主義へ向かう大河のような流れです。これは願望や考え方の問題ではなく、ゆるぎない歴史的事実の問題です。日本国憲法を持つ日本は、本来ならばこの大河の流れに一番近いところにいていいはずです。

私たちはそこにこそ未来への展望を持つべきではないでしょうか。そのことを未来を生きる子どもたちに、歴史的事実の問題として伝え、未来への道すじをともに考えていきたいと思うのです。

ところが、次期学習指導要領の基本方向を示す文書は、日本国憲法に一言もふれず、いま述べた世界の歴史の事実とそこから生まれる未来への展望をまったく無視し、未来を予測できない暗い時代だと強調するだけです。歴史の事実を謙虚に学ばず、未来への展望を語れない人たちがつくる学習指導要領で子どもたちが学ばされるのは、未来ある子どもたちにとっての最大の不幸です。

2　安倍政権の教育政策とそのルーツ

国家の教育権か国民の教育権か

明治以降の教育は、国家が教育の権利を持ち（国家教育権）、天皇が発した教育勅語と国定教科書、文部省による強力な中央集権の下、「教育はお上のすること」でした。この教育によって「戦争する国」の臣民（天皇の家来）が育てられました。

しかし、「お上による教育」は日本の敗戦によって終わり、戦前・戦中の反省に立って、戦後は１９４７年に制定された日本国憲法と教育基本法に基づく教育がはじまりました。憲法・教育基本法は「国家教育権」を排して、子どもの学習権に基づいて「教育の権利は国民にある」（国民の教育権）という立場を明確にして、戦後の教育改革、民主主義教育を推進しました。

家永教科書裁判第二次訴訟の東京地裁「杉本判決」（1970年7月）は、「国家が教育内容に介入することは基本的には許されない」と国家教育権を否定し、憲法・教育基本法は国民の教育権を保障していることを明確にしました。そして、「国家は教育のような人間の内面的価値にかかわる精神活動については、できるだけその自由を尊重してこれに介入する事を避け」なければならない、と判示しました。

また、最高裁大法廷の「旭川学力テスト事件判決」（1976年5月）は、「政党政治の下で多数決原理によってされる国政上の意思決定は、さまざまな政治的要因によって左右されるものであるから、本来人間の内面的価値に関する文化的営みとして、党派的な政治的観念や利害によって支配されるべきでない教育にそのような政治的影響が深く入り込む危険があることを考えるときは、教育内容に対する右のごとき国家的介入についてはできるだけ抑制的であることが要請される」とし、「例えば、誤った知識や一方的な観念を子どもに植えつけるような内容の教育を施すことを強制するようなことは、憲法26条、13条の規定上からも許されない」と断じています。そして、学習指導要領は大綱的な（大まかな）基準である限りにおいて違憲・違法ではないとしました。

このように、教育・教科書は、基本的には国家権力から独立したものとして、その自由および子どもの教育への権利が最大限に保障されなければならないものです。

安倍教育政策のルーツは？

次期学習指導要領は安倍政権の意図を強く反映しています。しかし、その安倍政権の「教育再生」政策も突然出てきたわけではありません。戦後、日本の支配層の教育に対する政策、とくに1990年代以降の政策・ねらいが背景にあります。その諸政策の中でも、次の2つのことが安倍教育政策・次期学習指導要領の内容・考え方の「ルーツ」といえます。

第一は、日経連（日本経営者団体連合会、後に日本経済団体連合会と合流）が1995年に提言した「新時代の『日本的経営』」という財界の21世紀戦略です。「提言」は労働者を①「長期蓄積能力活用型グループ」、②「高度専門能力活用型グループ」、③「雇用柔軟型グループ」の3つに分けています。①は管理部門や技術部門の基幹労働者だけで雇用期間に定めはない、②は技術者や企画、営業の「専門部分」の労働者で3～5年の有期雇用、③は生産、販売の現場で働く圧倒的多数のパート・派遣・嘱託など非正規雇用で最低賃金ギリギリの労働者です。労働力の「弾力化」「流動化」をすすめ、全体として雇用を不安定にして非正規労働者を大幅に増やし、人件費を削減して大企業の利益を増やす方針です。そして財界は、この政策に見合った「人材」（労働者）をつくる教育を要求しました。

第二は、小渕恵三首相（当時）が設置した「21世紀日本の構想」懇談会（座長・河合隼雄文化庁長官、当時）が2000年1月に出した最終報告です。報告は、「国家にとって教育は一つの統治行為である」「国家は国民に対して一定の限度の共通の知識、あるいは能力を持つことを要求する権利をもつ」「国民が一定の認識能力を身につけることが国家への義務である」「義務教育については、国家はこれを本来の統治行為として自覚し、厳正かつ強力に行な」え、「子どもたちが教育を義務として理解し、それに畏敬の念をもつ」必要があり、「義務教育は……若き国民の義務である」「国家の重要性は自明であり」国家を「敬愛することを教えるのは義務教育の範囲」などと主張しました。

個人の尊厳を否定し、個人よりも国家を上に置き、国民は国家に従うのが当然だとし、国家が何ものにも規制されないで教育を行ない、国民はだまって従えというもので、これを21世紀の教育の方針として提起しました。この考え方をもとに、第1次安倍政権によって、２００６年に教育基本法「改正」が行われ、その教育基本法を具体化する教育政策として、その後の学習指導要領がつくられているのです。

安倍政権の「教育再生」政策

２００６年教育基本法を教育現場や教科書に徹底することをめざして、２０１２年12月に発足した第2次・第3次安倍政権は、「教育再生」の名のもとに、これまでの教育を根底からひっくり返して、子どものための教育から国家・国益とグローバル企業のための教育に転換しようとしています。次期学習指導要領は、この安倍「教育再生」政策を全面的に推進するものといえます。

安倍政権は「強い国・日本」をめざしていますが、それには2つの内容があります。

①「日本を世界で企業が最も活動しやすい国にする」（安倍首相）、つまり、日本の大企業がグローバル競争に勝つための経済政策（アベノミクス）です。

②憲法9条を改悪して日本を「戦争する国」にするということです。そのために、２０１５年9月憲法違反の安全保障法制（戦争法）を強行「成立」させました。

２００６年教育基本法を具体化する安倍政権の「教育再生」はこれを実現するための人づくりです。安倍「教育再生」政策は、①グローバル競争に勝ち抜くための大企業が求める「人材」育成、②「国防軍」とそれを支える「人材」育成をめざすものです。どちらの「人材」育成にも「愛国心」「道徳心」が不可欠であり、そのために教育・教科書を利用しています。経団連は、２０１４年4月に出した教育改革の提言の中で「グローバル化教育と日本人のアイデンティティの育成、道徳教育の充実」をうたっています。安倍首相は、「教育再生は、日本再生の柱であり、『一億総活躍社会』実現の基盤」だと主張しています。

安倍政権・文科省は、こうした「人材」育成のために、教育再生実行会議を設置してさまざまな「教育改革」を急テンポで進めています。その主なものは、①教育内容の統制強化、②大企業のための効率的な「人材」育成、③教育行政と教職員への統制です。

①では、教科書検定制度を改悪し、「道徳」を正規の教科としての「特別の教科　道徳」に格上げし、さらに、学習指導要領の大改訂を行なおうとしています。

②では、大学改革を進め、小中一貫校制度を法制化しました。また学校統廃合を進めています。

③では、教育委員会制度を改悪して首長が教育に介入しやすくしました。教職員への統制強化をめざして、自民党・教育再生実行本部が教員免許を国家免許化する提言を行ない、教育再生実行会議も教員採用試験を国と自治体が共同実施することを提言しました。

安倍教育政策の中で「特別の教科　道徳」の設置と次期学習指導要領が今日の重要な柱なのです。

コラム④

学習指導要領には「法的拘束力」がある？

「法令」ではないのに「法的拘束力」があるという矛盾

文科省は、学習指導要領には「法的拘束力」があると主張しています。そのように言うからには学習指導要領は法令で決められているのでしょうか。実はここがたいへん怪しいのです。文科省は「学習指導要領は法令ではない」とも言っているからです。おかしいですね。

「法令」は「法律」「政令」「省令」から成っています。「法律」は国会で審議され、可決されて成立します。しかし法律の条文だけでは具体的な運用が困難なので、「政令」や「省令」がつくられます。「政令」「省令」は国会で審議されるわけではないので「法律の委任を受けて」つまり、法律の範囲内で定められる建前です。「政令」は閣議決定で、「省令」は大臣によってそれぞれ制定されることになっています。

学習指導要領は「法律」ではありません。閣議決定されるわけではありませんから「政令」でもありません。「省令」はどうでしょうか。学習指導要領は文科大臣の名前で「公示」されますが、文科省は「省令」だとも言っていません。文科大臣の「公示」に基づいて官報に「告示」されることが学習指導要領の「法的拘束力」の根拠だと言います。ややこしいですね。

文科省は「省令」である学校教育法施行規則第25条の「教育課程の基準として文部科学大臣が別に公示する小学校学習指導要領によるものとする」という規定を、学習指導要領の、もう一つの「法的拘束力」の根拠としています。つまり学習指導要領を直接に根拠づける明文の法的根拠はなく「省令」の中で学習指導要領に触れているから「法的拘束力があるのだ」という理屈です。

学習指導要領の「法的拘束力」の見直しについては、文部科学大臣から中央教育審議会に対して何の諮問も行われていないので、検討されることもなく次期学習指導要領にも引き継がれることになります。

「学習指導要領解説」にも「法的拘束力」？

10ページでも述べたように、学習指導要領の文言を補足する（というよりこれを見ないと意味がわからない）「学習指導要領解説」が学習指導要領告示後につくられます。「法令」

になぞらえて言えば、学習指導要領の「委任を受けて」つくられているはずです。これが近年、教科書作成に強い影響を与えるようになっています。

２００９年3月30日、文科省の教科用図書検定調査審議会は教科書発行者宛に通知を出し、「学習指導要領の理解に当たっては、学習指導要領の記述の意味や解釈などの詳細を説明した『学習指導要領解説』を活用していくこと」と指示しました。

「法的拘束力」がない文書に従って教科書をつくれと指示するのは「暴走」と言わなければなりません。今後この指示がさらに徹底されれば、どの教科書も同じように画一的な内容にならざるをえず、事実上の「国定教科書」のようになってしまうかもしれません。

学習指導要領は拘束力のない大綱に

文部科学省は国連の人権機関などへの報告などでは、学習指導要領を the Course of Study と英訳しています。これではせいぜい「年間指導計画」程度の意味で、学習指導要領の実態を正しく表現しているとはとても言えません。国際社会に誤った情報を発信していると言わなければなりません。

学習指導要領を the Course of Study と言うなら、それにふさわしい緩やかなものとすべきではないでしょうか。だいたい学習指導要領は「法令ではない」ことは、文科省自身が認めていることです。「法令」でもない文書に「法的拘束力」を持たせ、教育内容に対して強力な統制を行なうというしくみは、民主主義の根本的な原則である「法の支配」に反するのではないでしょうか。

筆者が調べたかぎり、少なくともＯＥＣＤ加盟諸国の中には、拘束力がないか小さい、文字どおり大綱的な、the Course of Study という言葉にふさわしい「学習指導要領」はあっても、日本のように強力な統制力を持ったものは見当たりません。学習指導要領は、文字どおりの「大綱的基準」にすべきでしょう。

第5章 こんな教育・学校をつくりたい

1 子どもの目線から教育を考える

超過密の時間割

「子どもはロボットではない！」。お母さんの痛切な声が、新聞の投書欄に載りました。

文科省が2020年から小学校5・6年の英語の授業を週2時間増やすというのですが、今でさえ子どもの時間割は超過密状態で、ほとんど毎日6時間授業。そればかりか、朝から「学力テスト対策」のための計算ドリルや漢字書き取り、休み時間も「体力向上」のかけ声で縄跳びやマラソン。

そこに新たに英語の授業時間を押し込もうというのですから、子どもたちの生活から自由に過ごす時間を削り取って、時間割をさらに過密にしてゆくことで、どんなに息苦しい学校になってゆくか、「子どもはロボットではない」と心配する声があがるのは当然のことです。

今国が学校に求めている授業は、英語だけではありません。「社会の構成員として税金を納め、納税者として社会や国の在り方を考えるという自覚を育てる」ための「租税教育」、コンピューターの普及をふまえた「プログラミング教育」、はては「国際的な視野を持って世界に向けて活躍できる人材を育成」すると銘打った「オリ・パラ（オリンピック・パラリンピック）教育」など、さまざまな○○教育が子どもたちの時間割に入りこんできています。

少し前までの小学校では、国語、算数、理科、社会、音楽、図工、家庭科、体育といった基礎教科が時間割の中心でした。そこにこうした○○教育が文科省や教育委員会から次々と持ち込まれ、時間割を塗り替えるようになってきたのは、ここ10年くらいの間のできごとです。

目先の「改革」の行き着く先

子どもの成長にとって本当に必要な○○教育なら、誰も否定しないでしょう。ところが、こうした新テーマの教育の多くは、政府や大企業が期待する「即戦力となる人材」を育てるという、目先の必要から公教育に持ち込まれたものばかりです。そして、一見その時代の要請を受けた教育を推進しているように見えながら、それと引き換えに、これまでだいじにしてきた基礎的な教育がないがしろにされるという結果を生んでいます。

昔から「教育は国家百年の計」という言葉があります。教育はそれほど長い目で丁寧に考え進めなければならないものですが、文科省が進めてきた「教育改革」は近視眼的な着想で進められ、新しい教育用語としてもてはやされても数年で意味を失うという失敗を繰り返してきました。

いわく、「新しい学力」「ゆとり教育」「確かな学力」「脱ゆとり教育」……、そして、今回は「アクティブ・ラーニング」や「パフォーマンス評価」。

そのたびに日本中の学校が振り回されてきました。これらの「教育改革」が目的とするものが子どもたちを主権者として育てる教育とはほど遠く、子どもたちや保護者、学校、国民の要求を中心にすえた教育政策ではなかったところに根本的な原因があります。

国が上から目線で教育の在り方を押しつけるしくみを改め、子どもの目線から教育を考える姿勢に切り替えていかないと、近い将来、世界から取り残されていく国になることは目に見えています。

2 本物の科学や文化を子どもたちに

「翔太くんが粘土になった！」

小学校3年生の理科の時間です。丸めた粘土玉を上皿天秤に載せて、「粘土の重さは65グラム。これを細長くのばすと、何グラムになるだろうか」と子どもたちに聞きました。おとなだったら「形を変えたって65グラムのまま」と当たり前のように答えるかもしれません。

でも、子どもは違うのです。「長くしたほうが大きく見えるから65グラムより重くなると思う」とか「細長くのばすと重みがなくなるから65グラムより軽くなると思う」……必ずと言っていいくらいこうしたいろいろな考えが出てきます。

そこで、細長くした粘土をもう一度上皿天秤に載せると、ぴったり65グラム。「65グラムのまま」という意見の子どもたちから歓声があがりました。

つづけて、保健室から運んできた体重計の上にクラスで一番体が大きい翔太くんが乗って、両足で立っても、片足で立っても、しゃがんでも目盛りは変わらないことをたしかめました。まわりから、「翔太くんが粘土になった！」と声があがりました。

今度は、「体重58キロの翔太くんを67キロの先生がおんぶして体重計に乗ったら、目盛りは何キロを指すでしょうか」。子どもたちからは「58＋67＝125だから125キロになる」という意見、「合体すると重さが集中するから125キロ以上になる」という意見が出て、ここでも白熱した討論になりました。実際におんぶして体重計に乗ると、ぴったり125キロ。

「重さは足し算ができる」ことを知った子どもたちは、次々とそれを自分でたしかめたくなります。体重計に一度乗ってからトイレに駆け込んで、教室に戻ってからまた体重計に乗っている子どもがいます。「何してるの？」と聞くと、「体重が500グラム減ったから、おしっこ500グラム出した！」。珍しく給食のおかわりを何杯もしてから、体重計に乗る子もいます。「先生、ボク今日600グラムおかわりしたよ」と言うのです。

学ぶ楽しさ、教える楽しさのある学校

「物は出入りがなければ形を変えても重さは変わらない」「物の出入りは変化した重さでわかる」という認識は、科学でいう質量保存の法則とか物質不滅の法則につながる最も基本的な考え方です。

算数の教科書に「58kg＋67kg＝125kg」という式が載っていても、それを実際に秤を使ってたしかめてみるなんてことは授業でもやらないし、もしかしたらおとなでも実体験していないことかもしれません。おとなにとってわかりきったようなことであっても、子どもにしたら勘違いしてとらえていたり、

けっして当たり前のことではありません。そういうひとつひとつのことを丁寧に解き明かしていくことは、子どもたちにとって目の前の世界が開けてくる楽しさを実感する学習なのです。

こうして、何が基礎的で大切な学習かを明らかにし、どんな教材を使って授業したらよいか、日本の多くの先生たちは民間の研究会やサークルで交流しながら、世界にも例のないたくさんの財産を積みあげてきました。今のように超多忙な学校でなく、先生たちがもっと自由に時間的にも精神的にもゆとりをもって教材研究できる環境ができたら、子どもたちにとって学ぶ楽しさのある、教師にとって教える楽しさのある学校になり、この国の教育はずっと豊かなものになるでしょう。

メダカのおすとめすの見分け方

日本中の小学校6年生が受けた全国学力テスト（２０１５年）の理科の問題に、「メダカのどの部分を見ると、おすとめすを見分けることができますか」というのがありました。「せびれ、はらびれ、しりびれ、おびれの4つの中から2つ選びなさい」とあります。

いきなり聞かれたら、おとなでもすぐには答えられない問題です。でも、教科書には「メダカのおすとめすの見分け方」が載っているので、それを覚えている子は答えられるというわけです（正解は「せびれ」と「しりびれ」）。

でも、ふと疑問になります。「メダカのおすとめすの見分け方を覚えて、それが何の役に立つのだろう」。ふだん目にしている魚を考えても、外見でおす・めすの区別ができる魚はわずかです。中には、効率よく子孫を残すために、稚魚から成魚に成長する間におすからめす、めすからおすへ性転換する魚が何百種類もいるといいます。「メダカのおすとめすの見分け方」を覚えても、他の動物の学習で何の役にも立ちません。でも、全国一斉にテストされるのですから、役に立つとか立たないとか関係なく、日本中のどの教室でもそれを覚えさせる授業が行なわれます。

一方で、小学校の理科の教科書に魚のおす・めすの区別の仕方は載っていても、そもそも動物におす・めすが必要なわけを学ぶようになっていません。学習指導要領が「卵と精子が受精に至る過程は取り扱わないものとする」と規定しているからです。動物のおす・めすからどのようにして卵や子どもが生まれ子孫を残してゆくか、動物の受精のしくみを学ぶことのほうが、よっぽど基本的で大切な学習です。

でも、こうした肝心なことを工夫して教えようとすると、たちまち教育委員会から「教科書に書いてないことを教えてはいけない」とストップがかかるという話も珍しくありません。

「鉄が蒸発した」

４年生で、「氷・水・水蒸気」、つまり、氷は温度が上がると水になり、さらに温度が上がると水蒸気になる学習をします。教科書はこれで終わるのですが、水以外の他の物質でも温度が上がると固体↓液体↓気体に変化することは共通した性質ですから、金属の錫や固体の食塩の粒を試験管に入れてバーナーで熱するととろとろの液体になる実験などを見せて、「どんな物も温度によって固体・液体・気体になる」という「物の三態」の学習をしました。

それから、何カ月かたったある日。子どもたちに８月６日の広島を描いた本の読み聞かせをしました。「広島に落とされた原子爆弾は、爆発すると数千万度という高い温度のばかでかい火の玉になります。広島の原爆記念館を訪ねた人は、瓦や土がいっぺんに融けて、ガラスのようにかたまったものがたくさん並べられているのを見たことがあるでしょう。原爆が落ちた広島市の中心にいた人たちは、鉄や銅やトタン板などが気体になって蒸発するのを見たはずです。しかし、この人たちから『鉄が蒸発するのを見た』という言葉を聞くことはできません。この人たちは、誰ひとり、生き残ることができなかったからです…」。

この一節を読み終えたとき、子どもたちの口から出てきたのは、「錫や食塩が液体になるのを勉強したけれど、鉄も蒸発しちゃうなんて、きっとものすごい温度だったんだ」という言葉でした。あの日、広島で起きたことがどんなに悲惨な出来事だったか、子どもたちは実感したのでした。

「物の三態」の授業は、原爆のおそろしさを教えることが目的だったわけではありません。でも、ひとつのことを知ったら目の前の世界が広がってくるような、ほんとうに科学的な見方の基礎となる内容をどの教科でも教えることができたら、きっと子どもたちはそれを駆使して考え行動することになるのだろうと、このとき、子どもたちから教えられました。

科学・学問を土台にした学校教育へ

学校で学ぶ教科は、それぞれ科学や学問の背景があります。国語には言語学や文学、算数には数学というように、社会科、理科、音楽、図工、家庭科、体育にもそれぞれその背景となる科学や文化があり、教科はそうしたものの上に成り立っています。

平仮名がどんな歴史をたどってできたのか、たし算やひき算、かけ算やわり算はそれぞれどんな必要から生まれたのか、そういうことを学ぶことは子どもたちにはとても興味のあることだし、大切なことです。ところが、すぐに役に立つ「人材育成」ばかりが目的の教育では、こうした学習は隅に追いやられてしまって、国語と言えば漢字書き取り、算数と言えば計算練習などが先行しています。これでは、子どもたちは基礎から筋道だてて学んでいくおもしろさではなく、小手先の方法や羅列的な知識を覚えるだけの学習に追い込まれていくだけです。

最近の環境問題などをみても、主権者としての国民が目先の情報にごまかされない真実を見抜けるような科学を身につけなければならない時代です。だからこそ、子どもたちが科学や文化の基礎を筋道だてて獲得していく教育こそが求められています。

3 教員の自主性が尊重される教育と学校運営を

……そういう目標に達するためには、その骨組みに従いながらも、その地域の社会の特性や、学校の施設の実情や、さらに児童の特性に応じて、それぞれの現場でそれらの事情にぴったりした内容を考え、その方法を工夫してこそよく行くのであって、ただあてがわれた型のとおりにやるのでは、かえって目的を達するに遠くなるのである。またそういう工夫があってこそ、生きた教師の働きが求められるのであって、型のとおりにやるのなら教師は機械にすぎない。

これは、１９４７年に出された最初の「学習指導要領（試案）」の序論の一節です。子どもの願いから出発し、人間としての発達を保障する教育をすすめていくために、ここに書かれているような教員の

「工夫」や「働き」は、なくてはならないものです。ところが、今の学校教育はその正反対、まさに教員を「機械にすぎない」状況に追いやろうとする政策がすすめられています。どの子も人間として大切に育てる教育を進めていくために、こうした政策を根本的に転換して、教員の自主性が尊重される教育と学校運営を進めることがどうしても必要です。

自主的で自由闊達な教育研究に支えられた子どものための教育実践を

今の教員は、初任者研修から始まって毎年のように教育委員会主催の強制研修、10年に一度の「免許更新講習」など、まさに〝研修漬け〟の実態になっています。子どもと一緒にすごせる時間を削られて、学習指導要領通りの授業にするための「指導案」の書き直し、膨大な報告書の作成などに追われ、「もっと子どものためになる研修をしたい」「明日の授業の準備や教材研究をする時間がとれない」などと、悲鳴が上がっています。

このような教育委員会主催の強制研修よりも、学校や地域の教職員がみんなで集まって、自らの実践や失敗談、困っていることなどを率直に出し合いながら、子どもたちの願いや発達課題をあきらかにして、「どんな授業をすすめていくのか」「どんな学校にしていくのか」を語り合うことが必要ではないでしょうか。

日本の教職員は、戦後早い時期から、「どの子もわかって楽しい授業」「誰もが人間として大切にされる学校」をつくるための「教育研究活動」をすすめてきました。「教育研究集会」や民間の教育研究団体には、宝物のようなたくさんの実践が蓄積されています。この〝宝の山〟を、若い教職員はもちろん、みんなのものにひろげていきましょう。

子どもと保護者、教職員、みんなでつくる学校に

それぞれの学校の子どもたちの課題をあきらかにして実践の方向を確認する「職員会議」は、大切な議論の場であり、学習の場でもあるはずです。しかし、今は「管理職からの指示伝達の場」となってしまい、自由な議論が保障されていない学校も少なくありません。教育行政が「教育課程届」や「年間指導計画」「授業改善計画」などの提出を求めることを通して、各学校の教育課程に統制をかけていることが、そうした状況に拍車をかけています。

しかし、上からの押しつけでは、学校はよくなりません。一つひとつの学校を構成する子どもと保護者、教職員が、それぞれの願いや要求を出し合い、それらをどうやって実現していくのか、みんなでよく話し合いながら学校づくりをすすめていくことが求められているのではないでしょうか。

4　どの子も大切にされる学校をつくるための条件整備を

「どの子もわかって楽しい授業」「誰もが人間として大切にされる学校」をつくるために欠かせないのが、行きとどいた教育条件の整備です。しかし、OECDの調査によれば、GDP比でみる日本の公的教育支出は著しく低く、6年連続最下位といった状況です。せめてOECD並みに教育予算をふやし、憲法がすべての子どもに「ひとしく」保障している「教育を受ける権利」を守りたいものです。

国の責任で、すべての学年を少人数学級に

「35人学級になったら、一時間の中で発言する機会がふえ、先生が何度もまわって見てくださるので、『勉強がわかるようになった』『授業が楽しくなった』と子どもが喜んでいます。親としても安心しました」

少人数学級が実現したときの保護者の声です。どの子もみんな、その子がわかるやり方で、わかるようになるまで教えてもらう権利を持っています。今の40人学級を35人学級に、そして30人学級にしていくことは、一人ひとりによりそった、ていねいな指導を行なうために欠かせない教育条件です。

毎年、全国各地から少人数学級の実現を求める切実な声が寄せられる中、安倍首相は、２０１５年2月、衆議院で「35人学級の実現に向けて鋭意努力していきたい」と答弁しました。少人数学級の取り組みを、今のように各都道府県の独自予算に頼るのではなく、国の責任で法律を改正し、すべての学年で実施してほしいと思います。

教職員の数をふやして

世界で最も多忙な日本の教職員が「もっと時間をかけて取り組みたい」と考えていることは、「子どもとのふれあい」と「授業の準備・教材研究」なのだそうです。何とも皮肉な話ではありませんか。

この実態に対する最も抜本的な解決策は、教職員の数をふやして、教員一人あたりの授業の持ち時間

数を減らすことです。文科省は国会で、「1時間の授業には1時間の準備が必要」だとし、これが教員の労働条件の基準だと答弁しています。しかし実際には、多くの教員が、勤務時間の半分以上、授業をしています。授業以外の時間は、給食、清掃、委員会活動はじめさまざまな生活指導、打ち合わせや会議、報告書作成の時間にあてられており、授業の準備をしたり、教材研究をする時間は、勤務時間中にはほとんどとれない、というのが多くの教員の実態です。

教職員の数をふやし、授業の担当を分かち合うことで、この問題は解決できます。それも、少人数指導のための「加配」や、英語や理数系など特定の教科に力を入れるための「加配」といった条件付きのものではなく、毎日、子どもたちと一緒にすごす「普通の先生」の数をふやしてほしいものです。そうやって授業準備や教材研究の時間を保障し、行きとどいた教育が進められるようにすることは、今、待ったなしの課題です。

おわりにかえて　主権者として国の教育課程づくりに参加する道筋を

日本国憲法第26条（教育を受ける権利、教育の義務）
①すべて国民は、法律の定めるところにより、その能力に応じて、ひとしく教育を受ける権利を有する。
②すべて国民は、法律の定めるところにより、その保護する子女に普通教育を受けさせる義務を負う。義務教育は、これを無償とする。

「教育勅語」に象徴される戦前の教育は、「お国」のために死ぬ覚悟をつけさせるための教育でした。その教育が戦争を後押ししてしまった痛苦の反省に基づいて、日本国憲法第26条は、すべての子どもに「普通教育」を保障するとともに、その権利を保障することをすべての国民の「義務」としています。憲法施行に先駆けて制定された教育基本法（１９４７年）は、その教育の目的を「人格の完成」をめざすことに置きました。

私たち主権者国民は、子どもの「人格の完成」をめざす教育、真に子どものための教育が行なわれるよう、努力しなければならないということです。そうだとすれば、教育内容や教育課程について、それが本当に子どものためになるものなのかどうかを見きわめ、意見や要望を出していくことは、主権者国民として当然の権利であり、責務であるといっても過言ではないと思います。

学習内容について、みんなで声をあげよう

２０１５年、中学校の教科書採択にあたって、「毎日、子どもと一緒に教科書を使う教員の意見を採択に反映させてほしい」「侵略戦争を美化したり、憲法を敵視するような教科書は、子どもたちに手渡さないで」と要求する運動が各地に大きくひろがりました。この運動は、まさに、子どものための教育の実現を求める運動の一翼を担うものです。そのために、各地で学習会や「おしゃべり会」「教科書カフェ」などのあつまりが開かれ、学校の教育内容について、教職員だけでなく地域のみんなで考えることができました。

２０１７年は、小学校「道徳」教科書の採択の年です。そして、２０１７年から毎年、教科書採択が続きます（表参照）。２０１５年に大きくひろがった各地域での取り組みを継続して、改訂される学習指導要領の内容を検討し、主権者として声をあげていきましょう。この本がそのために活用されることを願っています。

執筆者一同

表　今後の教科書検定・採択のスケジュール

	2016年度（28年度）	2017年度（29年度）	2018年度（30年度）	2019年度（31年度）	2020年度（32年度）	2021年度（33年度）	2022年度（34年度）
小学校道徳	検　定	採　択	使　　用				
中学校道徳	（編　集）	検　定	採　択	使　用			
小学校・全（現行）	（編　集）	検　定	採　択	使　用			
中学校・全（現行）		（編　集）	検　定	採　択	使　用		
小学校・全（次期）	「告示」	（編　集）	検　定	採　択	使　用（2023年度まで）		
中学校・全（次期）		（編　集）		検　定	採　択	使用（2024年度まで）	

編者紹介　子どもと教科書全国ネット21

「子どもと教科書全国ネット21」が結成されたのは、1998年6月です。その母体となったのは、家永教科書裁判の支援運動でした。32年続いた家永教科書裁判は、1997年8月、4カ所の検定の違法を確定させた最高裁判決をもって終了しました。教科書裁判の支援運動は、教科書の内容と制度を改善するためのさまざまな活動に取り組んできました。そこで裁判終了後も、おなじような役割を果たす全国的な組織がどうしても必要だという声が起こり、とりくむ内容も教育全体に広げる形で、「子どもと教科書全国ネット21」は結成されました。

今、「子どもと教科書全国ネット21」では、次のような活動を行なっています。

第1に、子ども、教育、教科書など当面する問題についての話し合い、調査活動、本書の編集・出版のような活動、外に向けてのいろいろな働きかけなどを行なっています。それらの成果に基づいて、シンポジウムや学習集会なども企画しています。

第2に、「地域ネット」づくりを進めています。教育や教科書の活動を地域で取り組むのが、「地域ネット」です。教科書の採択問題では、とても重要な役割を果たしています。

第3に、ホームページ（http://www.ne.jp/asahi/kyokasho/net21/）を開設するとともに、年6回の「ニュース」や「事務局通信」などを会員のみなさまに送り、子どもと教育・教科書をめぐる資料・情報を提供しています。

「子どもと教科書全国ネット21」代表委員（50音順）

石川康弘（神戸女学院大学教授）　尾山　宏（弁護士）　小森陽一（東京大学大学院教授）
髙嶋伸欣（琉球大学名誉教授）　田代美江子（埼玉大学教授）　田港朝昭（琉球大学名誉教授）
鶴田敦子（元聖心女子大学教授）　西野瑠美子（ジャーナリスト）　山田　朗（明治大学教授）
渡辺和恵（弁護士）

「子どもと教科書全国ネット21」にぜひご加入を

よりよい教育の実現をめざす活動を力を合わせていっそう大きくするために、みなさんが「子どもと教科書全国ネット21」に参加してくださるよう呼びかけます。加入するには、「子どもと教科書全国ネット21」の郵便振替口座に、年会費（個人1口3000 円、団体1口5000円、学生1口1000円）を振り込んでくだされば、手続き完了です。ホームページから加入申し込みもできます。

〒102-0072　東京都千代田区飯田橋2-6-1 小宮山ビル201
TEL 03(3265)7606　FAX 03(3239)8590
ホームページ検索 教科書ネット　E-mail kyokasyonet@a.email.ne.jp
郵便振替口座名　子どもと教科書全国ネット21　口座番号00160-5-32242

執筆者紹介（50音順）

石山久男（歴史教育者協議会）4章1
江利川春雄（和歌山大学教授）3章3
貝田 久（さいたま教育文化研究所）3章1、コラム③
河合尚規（東京の民主教育をすすめる教育研究会議議長）2章1・3・6
久保 享（信州大学教授）3章4
蔵原清人（工学院大学名誉教授）2章2
糀谷陽子（子どもと教科書全国ネット21常任運営委員・中学校教員）2章7、5章3・4
小佐野正樹（科学教育研究協議会）5章1・2
鈴木 隆（全国到達度評価研究会、小学校教員）2章5、コラム②
鈴木敏夫（子どもと教科書全国ネット21常任運営委員）1章3・4
高原数則（東京の民主教育をすすめる教育研究会議副議長）1章2
俵 義文（子どもと教科書全国ネット21事務局長）4章2
鶴田敦子（元聖心女子大学教授）2章3・4・6、3章2、コラム①
増島高敬（元自由の森学園高校教員）3章5
吉田典裕（日本出版労働組合連合会教科書対策部事務局長）1章1、コラム④

表紙・本文デザイン　TR.デザインルーム　タナカリカコ

合同ブックレット❾

大問題！　子ども不在の新学習指導要領

学校が人間を育てる場でなくなる?!

2016年 8 月15日　第1刷発行
2016年12月 5 日　第2刷発行

編　者　子どもと教科書全国ネット21（CTJN21）
発行者　上野良治
発行所　合同出版株式会社
郵便番号　101-0051
東京都千代田区神田神保町1-44
電話 03（3294）3506　　FAX 03（3294）3509
振替 00180-9-65422
ホームページ http://www.godo-shuppan.co.jp/
印刷・製本 株式会社シナノ

■刊行図書リストを無料進呈いたします。
■落丁・乱丁の際はお取り換えいたします。

ISBN978-4-7726-1292-0　NDC360　210×148